新装

野菜だより

高山なおみ

アノニマ・スタジオ

今日は何を作ろうかな？　と考えている時は、
もちろん食べてくれる家族や、友人たちのことを考えています。
けれど料理を作り始めたら、
もう食べてくれる人のことはあまり考えてないかもしれない。
料理をしていて、ふとそんなことに気がつきました。

野菜を触って表情を見る。
匂いを嗅いで、生でかじってみる。
野菜にぐっと近づくと、性格が分かって愛着がわいてきます。
どうやったら野菜が喜んでくれるかな？　と考えながら料理を作っていると、
しっぽまで葉っぱまでだいじに食べたいから、
保存の仕方にもいろいろ工夫するようになりました。

一年を通して出盛りの野菜を追い、
その季節ならではの料理を作って食べながら、この本ができました。
ぜひ皆さんも、〝野菜から届く季節の便り〟を聞きながら、
料理を作ってみてください。

野菜のもち味をいかす五つの知恵

1
砂糖は、甘いだけではないきび砂糖を。
けれど野菜自体の甘みの邪魔をしないよう、ひかえめに。みりんもしかり。

2
高価なものでなくて充分だけど、塩は自然塩、酢は米酢、
こしょうはひきたての黒こしょう、オリーブオイルはエキストラ・バージンを。

3
野菜の色をいかす薄口しょうゆや、
ナンプラー（エスニックでなくても）も、気軽に使いましょう。

4
あと、塩で味をつけておいて、
色と香りづけにしょうゆをちょっと、という手もあります。

5
香ばしく焦がしたり焼きつけたりするのも、調味料のひとつだと思います。

野菜だより　もくじ

料理をはじめる前に

この本は台所の近くに置いて、どんどん自由に使いこんでいただけたら嬉しいです。余白にメモを書きこんでもいいし、しみをつけてもいい。使われることで汚れていくのは、実用書の幸せだと思います。

＊計量の単位は小さじ1＝5ml、大さじ1＝15ml、1カップ＝200ml。いずれもすりきりで量ります。
＊フライパンはフッ素樹脂加工を使う場合のレシピです。それ以外のフライパンを使う場合は、油を少し多めにひいてください。

「じゃがいも」

冬じゃが

じゃがいも

じゃがいもは一年中出回りますが、時期を追ってどんどん味が変わっていく、味わい深い野菜だと思います。皮の色や重さなど、見た目にも少しずつ変化して、食べてみるとその違いに季節の移り変わりを感じるほどです。

3月から本格的に出回る小粒の新じゃがいもは、皮の苦味もおいしさのうちなので、私は皮ごと料理しています。春から夏にかけて出てくる皮の薄い大きなものは、ほんのり苦味のある、若いホクホクの夏の新じゃがいもです。この新じゃがをまるごとゆでて、ごはんやパンがわりにたっぷり食べる時、これも夏野菜の仲間だなといつも思います。そして夏の終わり頃から、少しずつ皮の色も濃くなって、冬ならではのねっとりした味わいに近づいてゆくのです。

保存は、袋の口を開けて風通しのよいところに置くだけ。いつも家にあると安心の心強い野菜です。出番がなくて、少々芽が出てきても、取りのぞいて使えばいいのですから。

ゆで方とつぶし方

皮つきのまま丸ごと、弱火でゆっくりゆでます。そうすると、いものおいしさが皮に守られて、逃げないような気がします。ぜひゆでたての熱々を、何もつけずに食べてみてください。つぶす時は熱いうちに。冷めてからだとつぶしにくいだけでなく、ねばりが出てきます。

＊ゆで時間は60分くらいですが、新じゃがは短め、冬のじゃがいもはさらに長めです。大きさによってもかなり違ってくるので、何度もゆでてゆで上がりのコツをつかんでください。

1　じゃがいもを鍋に重ならないように入れ、たっぷりの水を入れて強火にかける。沸いてきたらごく弱火にして、水面がほとんど動いていない状態でゆっくりゆでる。

2　ざるに上げて熱いうちに皮をむく。布巾に包みながら、指先だけ水につけて冷やしながらむくとよい。

3　すり鉢でつぶすのも熱いうちに。すりこぎを上下についてつぶすと、ねばりが出ずにホクホクに仕上がる。

つぶしじゃがいもと香菜のサラダ

材料（2人分）
じゃがいも（大）…2個
香菜…1株
マヨネーズ…大さじ3〜4
すだち…1個
塩・黒こしょう…各適宜

作り方
1　じゃがいもは皮つきのまま丸ごとゆで、熱いうちにすり鉢でおおまかにつぶす（9ページ参照）。マヨネーズを加え混ぜ、塩で味をととのえる。
2　ざく切りの香菜を加えてざっくり混ぜ、こしょうをひいて器に盛りつける。すだちをしぼって食べる。
＊温かいうちに食べるのがおいしいサラダです。

ポテトサラダ

材料（2人分）
じゃがいも（大）…2個
ゆで卵…2個
ディル…1茎
マヨネーズ…大さじ4
ねり辛子…小さじ½
塩・黒こしょう…各適宜

作り方
1　じゃがいもは皮つきのまま丸ごとゆで、熱いうちにすり鉢でおおまかにつぶす（9ページ参照）。ディルはざく切りにし、マヨネーズとねり辛子はよく混ぜる。
2　1のすり鉢にディルと辛子マヨネーズを加えてさっくり合わせる。ゆで卵を手でくずしながら加え、塩、こしょうをふる。
＊温かいうちに食べるのがおいしいサラダです。

マッシュポテト

材料（2人分）
じゃがいも（大）…2個
バター…20g
牛乳…½カップ
塩…小さじ½
ナツメグ…少々
黒こしょう…適宜

作り方
1　じゃがいもは皮つきのまま丸ごとゆで、熱いうちにすり鉢でていねいにつぶす（9ページ参照）。じゃがいもの粒がなくなったらバターを加え混ぜ、牛乳を少しずつ加えながら、なめらかになるまですり混ぜる。
2　塩で味をととのえ、ナツメグを加え混ぜ、こしょうをひく。
＊ほんのりした塩味の方が、じゃがいもの味が引き立ちます。

ピリ辛新じゃが煮

材料（4人分）
新じゃがいも…500g
新玉ねぎ…2個
豚ロース肉（切り身）…2枚（250g）

A
だし汁…1カップ
酒…大さじ3
きび砂糖…大さじ2
しょうゆ…大さじ3
みりん…大さじ1
一味唐辛子…小さじ½

ごま油…大さじ2
おろししょうが…1片分

作り方
1　じゃがいもは皮つきのまま、大きかったら半分に切る。玉ねぎはくし形に、豚肉は1㎝の幅に切る。
2　鍋にごま油を熱し、豚肉を強火で焼きつける。じゃがいもと玉ねぎを加え、炒め合わせる。
3　Aを順に加え、煮立ったらアクをすくって弱火にする。落としぶたをしてじゃがいもがやわらかくなるまで30分ほど煮る。
4　器に盛り、おろししょうがを添える。

新じゃがの鍋蒸し焼き

材料(4人分)
新じゃがいも…約1kg
バター…20g
しょうゆ…大さじ2

作り方
1　じゃがいもは皮つきのまま、厚手の鍋に重ならないよう並べ入れる。
2　じゃがいもの⅔の高さまで水を入れ、ふたをして強火にかける。煮立ったら中弱火にし、やわらかくなるまで15分ほど蒸しゆでにする。
3　湯が残っていたら捨ててふたをし、強火で水分をとばす(軽く焦げ目がつくくらい)。
4　火をとめてバター、しょうゆを加え、ふたをして鍋をゆすりながら味をからめる。

新じゃがのコロコロフライ

材料(4人分)
新じゃがいも…約1kg
薄力粉・パン粉…各適宜
卵…1個
揚げ油…適量
ウスターソース…適宜
塩・黒こしょう…各適宜

作り方
1　じゃがいもは皮つきのまま鍋に入れ、たっぷりの水を加えて強火にかける。沸騰したら弱火にしてゆっくりゆでる。
2　じゃがいもがやわらかくなったらざるに上げ、熱いうちに薄力粉をまぶして溶き卵、パン粉を順につける。
3　180℃の揚げ油でカラリと揚げる。
4　器に盛り、ウスターソース、塩と黒こしょうを合わせ、添える。

じゃがいもだけのグラタン

材料
（5〜6人分、23×34×6㎝の耐熱皿使用）
じゃがいも…6個
牛乳…2と1/2カップ
バター…30g
塩…小さじ1/2強
ナツメグ…少々
生クリーム…2/3カップ
溶けるチーズ…200g
黒こしょう…適宜

作り方
1　じゃがいもは皮をむき、半分に切ってから5㎜の厚さに切り、水にさらす。
2　耐熱皿にバター（分量外）をぬり、水けをきったじゃがいもを入れる。牛乳を注いでちぎったバターをところどころにのせ、塩とナツメグをふりかける。
3　230℃のオーブンでじゃがいもがやわらかくなるまで40分ほど焼く。いったん取り出して、器の中の牛乳をお玉ですくい取る。
4　3に生クリームをまわしかけ、溶けるチーズをのせる。こしょうをひき、再び230℃のオーブンに入れ、焼き目がつくまで15分ほど焼く。
＊オーブンを使って牛乳でゆでたじゃがいもは、ホクホクのおいしさです。すくい取った牛乳は、塩、こしょうで味をととのえ、スープとしていただきましょう。

にんじん

にんじんも一年中出回っていますが、3月末から4月のみずみずしい甘さは、春にんじんならではです。季節に合わせて、冬のみっしりしたにんじんはスープや煮込み料理に、春のにんじんは生をポリポリかじったり、軽く塩もみしてサラダにします。皮のすぐ下に栄養がたくさん含まれているので、皮をむく時は、薄く薄くゆっくりと包丁でむき取ります。皮むき器は、思いのほか厚くむけてしまうので、私は使いません。

ゆでたり煮込んだりする時には、皮つきのまま丸ごとか、大きめに切って使います。そうするとおいしさが逃げませんし、コトコト煮込んでいるうちに、芯からやわらかくなります。スープにする時は、心配なほど水分を少なくするのがコツ（19ページ参照）。にんじんの肩から上が出ていても、ふたをして弱火で煮れば、にんじんの水分とおいしさがスープの方に溶け出してくるのです。

保存

皮が乾きやすいので、袋から出して湿らせたキッチンペーパーか新聞紙に包み、ビニール袋に入れて冷蔵庫で保存します。

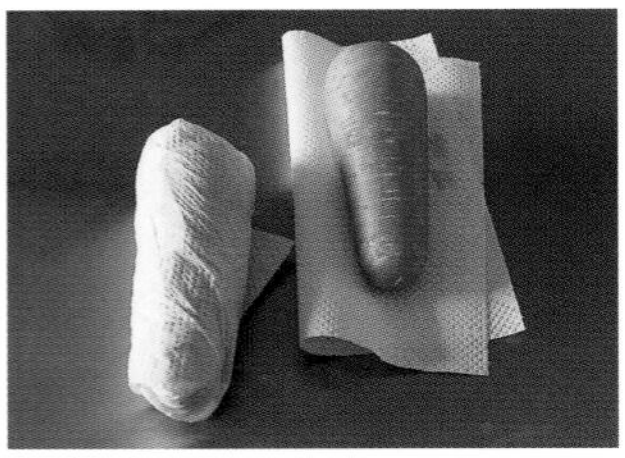

保存食

使い切れずに余ってしまったら、塩でもんで冷蔵庫に入れておきましょう。そのままおやつがわりに食べたり、酢、ごま油、薄口しょうゆをかけても、嬉しい箸休めになります。サラダの具に加えてもいいですね。

塩もみにんじん

材料（作りやすい分量）
にんじん…1本
塩…小さじ1/2弱

作り方
1　にんじんは皮つきのまま長めの乱切りにする。ボウルににんじんを入れ、塩をまぶして30分ほどおく。
2　出てきた水分ごと密閉容器に移し入れる。
＊冷蔵庫で4～5日保存可能。

にんじんのグラッセ風スープ

材料(4人分)

にんじん…4本

バター…20g

固形スープの素…1と½個

黒こしょう…10粒

生クリーム…½カップ

塩・黒こしょう…各適宜

ディル…適宜

作り方

1　にんじんは皮つきのままたて半分にし、さらに半分に切る。

2　鍋ににんじん、バター、刻んだ固形スープの素、粒こしょうを入れ、水(にんじんの⅔くらいの高さまで)を加えてふたをし、強火にかける。煮立ったら弱火にしてにんじんがやわらかくなるまで煮る。

3　2に生クリームを加えて塩で味をととのえ、刻んだディルを加える。こしょうをひいて器に盛りつける。

＊水は2カップが目安ですが、鍋の大きさによって加減してください。にんじんを煮るというよりは、少なめの水で蒸し煮にする感じです。

にんじんのピリ辛サラダ

材料(4人分)

にんじん…3本

塩…小さじ½

一味唐辛子…小さじ½

ナンプラー…小さじ1

ごま油…大さじ2

かつお節…ひとつかみ

作り方

1　にんじんはちょっと太めのせん切りにし、ボウルに入れ、塩を加えて軽くもむ。

2　1に一味唐辛子、ナンプラー、ごま油を順に加えてざっとなじませ、かつお節を加え、ざっくり合わせる。

＊にんじんは塩をまぶしたらすぐに軽くもみます。こうすると、水が出すぎずに、シャキッとした歯ざわりが楽しめます。太めのせん切りにするのもポイント。

丸ごとゆでにんじん

材料（2人分）
にんじん…2本
塩・黒こしょう・バター…各適宜

作り方
1　にんじんは皮つきのまま丸ごと鍋に入れ、かぶるくらいの水と塩ひとつまみを加えて強火にかける。
2　煮立ったら弱火にしてふたをし、やわらかくなるまで30〜40分ゆでる。
3　ゆでたてを器に盛り、塩、こしょう、バターを添えてフォークでくずしながら食べる。

にんじんの白和え風

材料（2人分）
にんじん…1本
木綿豆腐…½丁（150g）
白ごま…大さじ2
ナンプラー…小さじ1
ごま油…大さじ1と½

作り方
1　にんじんは4cmくらいの拍子木切りにする。ごまは軽く炒ってすり鉢でする。
2　沸騰した湯に塩小さじ1（分量外）を加え、にんじんを歯ごたえが残る程度にゆでる。ゆで上がったらざるに上げ、粗熱をとる。
3　1のすり鉢に豆腐をくずしながら入れ、ナンプラーとごま油を加えて混ぜる。
4　2のにんじんを加えてざっくり和える。
*豆腐は白和えほど固く水きりしない。パックから出したら、手で軽くしぼるくらいでだいじょうぶ。

〔玉ねぎ〕

一年中いつもある名脇役の野菜です。炒め物や煮物に、ハンバーグやコロッケにと出番が多い玉ねぎですが、スープやポトフを作る時には、丸のまま煮込んでしまいます。包丁を入れずに煮込むとおいしさが逃げないので、ふっくらとやわらかくなってから木しゃもじでくずしたほうが、甘みがいきるような気がするのです。

玉ねぎの保存に水けは禁物です。ポリ袋のままだと蒸れるので、裸にして風通しのよい所に置いておきましょう。

2月の末に真っ白な新玉ねぎが出てくると、早春の訪れを感じます。まずはサラダにして、その甘みと厚い果肉のみずみずしさを楽しみましょう。丸ごとスープも、フレッシュな甘みがいきる料理。くし形切りにしてみそ汁にするのも、この時期の楽しみです。

新玉ねぎは冷蔵庫で保存しますが、傷みやすいので早めに使い切りましょう。

新玉ねぎ

玉ねぎ

オニオンリング焼き

材料（2人分）
玉ねぎ…1個
バター…5g
しょうゆ…小さじ2
レモン…1/4個
黒こしょう…適宜
オリーブオイル…小さじ1

作り方
1　玉ねぎは厚めの輪切りにし、ほどけないように楊枝でとめる。
2　フライパンにオリーブオイルを熱し、玉ねぎを並べて中火で焼く。焼き目がついてすき通ってきたら裏返し、ふたをして弱火で蒸し焼きにする。
3　火をとめてからバターを加え、しょうゆをまわしかけてレモンをしぼる。
4　器に盛り、楊枝をはずしてこしょうをひく。

新玉ねぎの丸ごとスープ

材料（2人分）
新玉ねぎ…2個
固形スープの素…1個
バター…10g
ローリエ…1枚
黒こしょう…3～4粒
塩・黒こしょう…各適宜
溶けるチーズ…40g

作り方
1　玉ねぎは底の部分に深さ1cmほどの十字の切り込みを入れて、火が通りやすいようにする。
2　鍋に玉ねぎ、水2カップ（玉ねぎの肩の高さくらいまで）、刻んだ固形スープの素、バター、ローリエ、粒こしょうを入れ、ふたをして強火にかける。
3　煮立ったら弱火にし、玉ねぎがすき通ってやわらかくなるまで煮込む。
4　塩、こしょうで味をととのえて耐熱容器に移し入れ、チーズをふりかける。
5　230℃のオーブンで10～15分、チーズに焦げ目がつくまで焼く。

新玉ねぎとクレソンのサラダ

材料(4人分)
新玉ねぎ…1個
クレソン…2束
しらす干し…ふたつかみ
A［梅種じょうゆ・酢・ごま油
…各大さじ1と1/2
黒こしょう…適宜

作り方
1　玉ねぎはたて半分に切ってから薄切りにする。水にさらして軽くもみ、ざるに上げて水けをよくふきとる。クレソンは茎ごと4〜5cm長さのざく切りにする。Aは混ぜ合わせておく。
2　器に玉ねぎとクレソンを合わせて盛りつけ、しらす干しをのせる。Aをまわしかけ、こしょうをひく。

［梅種じょうゆ］
梅干しの果肉を使ったあとの種を何個か保存瓶に入れ、しょうゆをひたひたに注ぐ。
＊しょうゆが減ったら足して、種もどんどん加えていってください。冷蔵庫で1年くらいは保存できます。刺し身、おひたし、冷や奴にもどうぞ。

ねぎ

長ねぎ

薬味にもサラダにも炒め物にも、あると安心の野菜なので、わが家の冷蔵庫には必ず入っています。和風や中華風だけでなく、調理しだいで洋風にもエスニックにもなるのがいいところ。玉ねぎをきらしていたら、ためしに長ねぎで代用してみてください。味のバリエーションが広がることと思います。

長ねぎは一年中スーパーにありますが、冬がいちばん甘くなります。だからスープ煮やグラタンなどは、冬に作るのがいちばんおいしい。煮るほどにトロリとした甘い味になって、まるでホワイトアスパラのようです。

また、網で焼くと香ばしい甘みが出てきます。じっくりころがしながら焼いた長ねぎを、酢、薄口しょうゆ、ごま油でマリネにしてもおいしいものです。

長ねぎは体を温めてくれるので、風邪の時にはお粥やスープなどにたっぷり使いたいですね。

保存

青いところをつけたまま半分に切り、切り口を湿らせたキッチンペーパーで巻いて、厚手のビニール袋に入れて冷蔵庫へ。2週間はみずみずしいままです。

冬に出回る根深ねぎは、泥つきのまま新聞紙に包んでベランダなどの涼しい所に置いておくのもいいですが、泥を洗い流して葉先のとがった部分を切り落とし、長ねぎと同様にして保存すると、もっと長くみずみずしさが保てます。

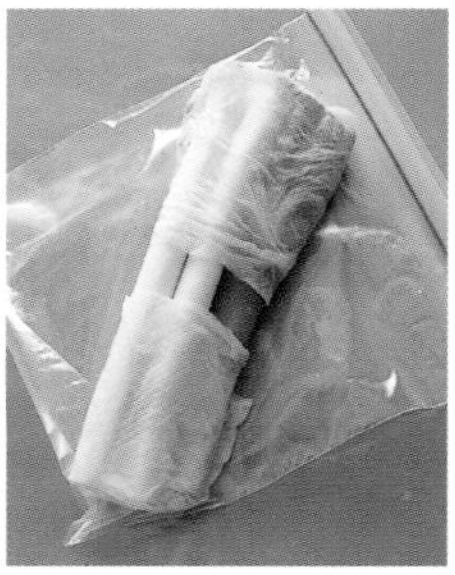

万能ねぎ

薬味やサラダで使いますが、しんなりしてきたら炒めてもおいしい。さっとゆがいて、ヌタのようにしてもいいですね。

保存

根のところのビニール袋を小さく開け、結んである輪ゴムをはずして、湿らせたキッチンペーパーを巻きつける。上から輪ゴムでとめ、もとのようにビニール袋をしっかりかぶせて冷蔵庫へ。途中、ペーパーが乾いてきたらそのつど湿らせてやれば、3週間はピンピンしています。くれぐれもビニールの上部は開かないように。あっという間に乾燥してしまうので。

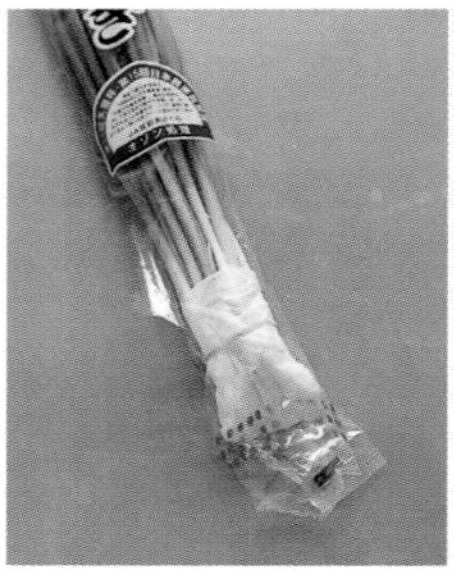

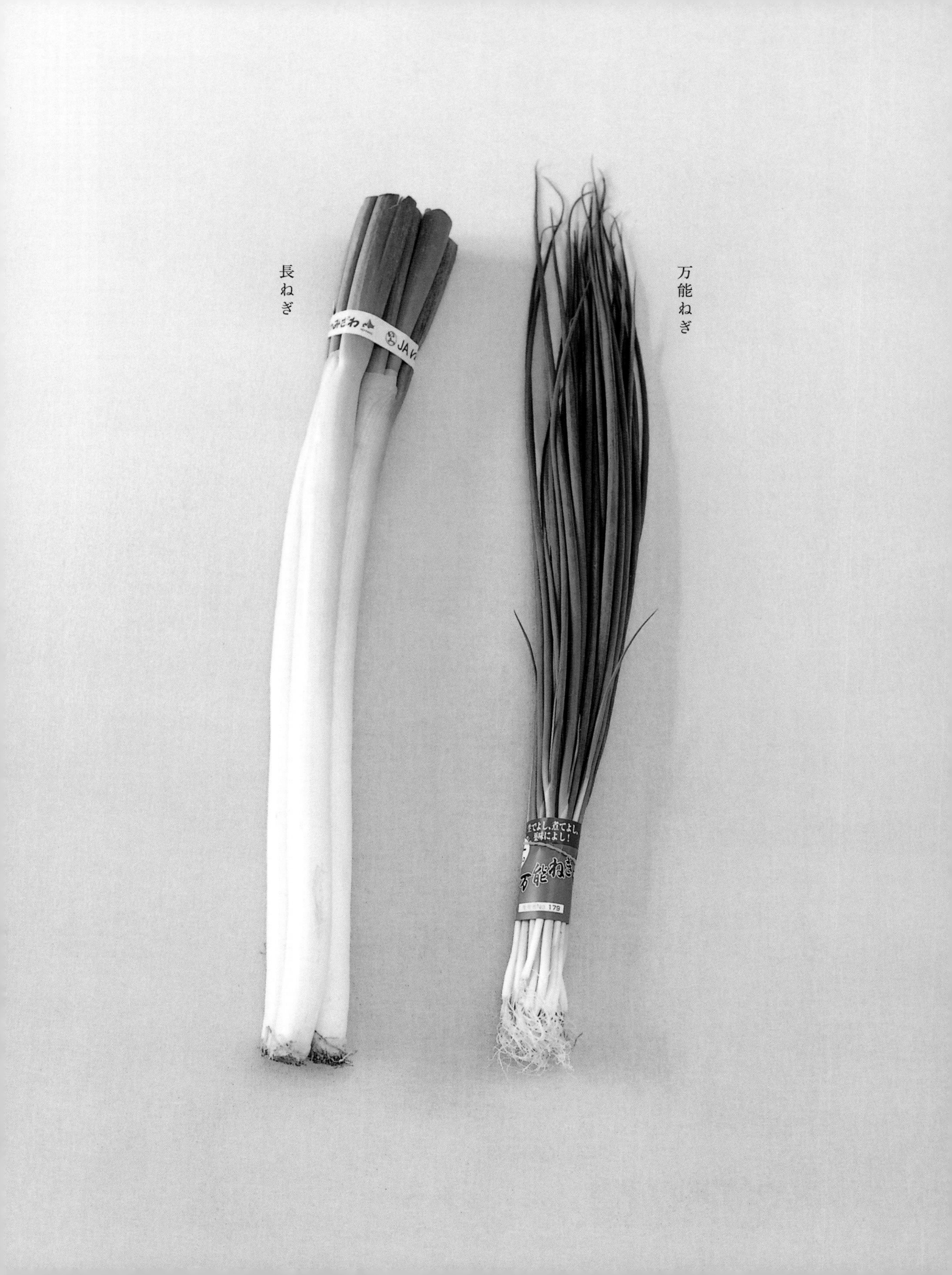

万能ねぎ

長ねぎ

長ねぎと豚ロースの甘辛焼き

材料(2人分)
長ねぎ(白い部分)…1本分
豚ロース肉(切り身)…2枚(250g)
クレソン…1束

A
おろしにんにく…1片分
おろししょうが…1片分
ごま油…小さじ1
酒…大さじ1
しょうゆ…大さじ2
みりん…大さじ1
黒こしょう…適宜

作り方
1　豚肉は筋切りして包丁の背で軽くたたき、Aを合わせてもみこんでおく。
2　ねぎは5cmの長さに切り、網でころがしながら焦げ目がつくまで軽く焼く。
3　フライパンにごま油大さじ½(分量外)を熱し、豚肉を強火で焼く。焼き目がついたら裏返し、2の焼きねぎを加えてふたをし、弱火で中まで火を通す。豚肉だけ取り出して食べやすく切り、器に盛る。
4　1の漬け汁を3のフライパンに加えて強火にし、ねぎにからめる。器に盛り合わせ、茎ごとざく切りにしたクレソンを添える。

長ねぎと香菜のサラダ

材料(2人分)
長ねぎ(白い部分)…1本分
香菜…2株
にんにく…1片
ゆで卵(半熟)…2個

A
しょうゆ…小さじ2
酢…小さじ2
オイスターソース…小さじ2

黒こしょう…適宜
ごま油…大さじ1

作り方
1　ねぎは太めのせん切りにし、流水にさらしながら軽くもむ。香菜は3cmの長さにざく切り、にんにくは芯をのぞいて薄切りにする。
2　ねぎと香菜は水けをよくふきとり、ざっと合わせて器に盛る。
3　半分に切ったゆで卵をのせ、Aを合わせてまわしかける。
4　フライパンにごま油を熱し、弱火でにんにくを炒める。にんにくがカリッとしてきたら、熱いうちに3にまわしかけ、こしょうをたっぷりひく。

万能ねぎ、ちくわ、香菜炒め

材料（2人分）
万能ねぎ…2/3束
ちくわ…5本
香菜…2株
酒…大さじ1
しょうゆ…小さじ1
オイスターソース…大さじ1
黒こしょう…適宜
ごま油…大さじ1

作り方
1　ちくわはたて4つ割りにして半分の長さに切る。ねぎはちくわと同じ長さに切り、香菜は3cm長さのざく切りにする。
2　フライパンにごま油を入れて強火にかけ、ちくわを炒める。焼き目がついたらねぎと香菜を加え、軽く炒め合わせる。
3　酒、しょうゆ、オイスターソースを順に加え、ざっと合わせてこしょうをふる。

長ねぎの炒め物

材料(2人分)
長ねぎ(白い部分)…1本分
長ねぎ(青い部分)…3本分
豚コマ肉…100g
酒…大さじ1
自然塩…小さじ½
黒こしょう…適宜
レモン…適宜
ごま油…大さじ½

作り方
1　ねぎはたて半分に切ってから斜めざく切りにする。豚肉は1㎝の幅に切り、塩、こしょうして軽くもむ。
2　フライパンにごま油を入れて強火にかけ、豚肉を広げるようにして焼きつける。脂が出てきたら、ねぎを加えてざっと合わせる。
3　酒を加えて炒め合わせ、ねぎのシャキシャキが残るくらいで火をとめる。
4　器に盛ってこしょうをひき、レモンをしぼる。
＊2で炒めすぎないのがポイントです。ねぎの辛味や苦味を残した方がおいしいので。

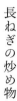

万能ねぎとにらのソーミンチャンプルー

材料（2人分）
万能ねぎ…2/3束
にら…1/2束
豚コマ肉…100g
そうめん…4束
塩・黒こしょう…各適宜
青唐辛子のナンプラー漬け（67ページ参照）…適宜
すだち…適宜
ごま油…大さじ2

作り方
1　ねぎとにらは4cm長さのざく切りにする。豚肉は1cmの幅に切り、塩ひとつまみで下味をつける。
2　鍋にたっぷりの湯を沸かし、そうめんを固めにゆでる。ざるに上げて軽く水洗いし、ぬめりをとる。
3　フライパンにごま油大さじ1を熱し、豚肉をカリッと炒める。水けをよくきった2のそうめん、ねぎ、にら、残りのごま油を加えて手早く炒め合わせ、塩、こしょうで薄めに味をととのえる。器に盛り、青唐辛子のナンプラー漬けとすだちを添える。

長ねぎと小町麩のグラタン

材料（2人分）
長ねぎ（白い部分）…3本分
小町麩…20g
固形スープの素…1/2個
バター…20g
生クリーム…1/2カップ
塩・黒こしょう…各適宜
溶けるチーズ…50g

作り方
1　ねぎは味の含みがいいようにフォークで数ケ所穴をあけ、4cmのぶつ切りにする。
2　鍋に1のねぎと刻んだ固形スープの素、バター、水1/2カップを入れ、強火にかける。煮立ったら弱火にしてふたをし、ねぎがクタクタにやわらかくなるまで30〜40分煮込む。
3　2に生クリームを加え、しばらく煮詰める。塩、こしょうで味をととのえ、小町麩を加えてざっくり合わせる。
4　耐熱皿にバター（分量外）をぬり、3を入れ、溶けるチーズをのせて、230℃のオーブンで焦げ目がつくまで15分ほど焼く。

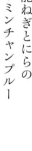

キャベツ

3月から4月くらいに出回る春キャベツは、水分が多くてやわらかいので、まずはざくざく刻んで、生でたっぷり食べましょう。ロールキャベツや煮物にしても、すぐにやわらかくなるので、あまり火を通しすぎない方が、春キャベツらしさがいきてくると思います。芯には、ビタミンCが多く含まれているのだそうです。やわらかいし甘いので、芯ごとどんどん食べましょう。

夏から秋にかけては、みずみずしい高原キャベツも出回り、だんだんに、固くしまって扁平な冬キャベツになります。冬キャベツは、歯ごたえを残したコールスローや、これでもかというくらい、クタクタになるまで煮込むのがおいしいです。だから冬キャベツでロールキャベツにする時には、逆にくずれるほどよく煮込んでください。

保存

濃い緑色の外葉は、保存用にとっておきます。芯のまわりから傷みやすいので、まず芯をくり抜き、くり抜いたところに湿らせたキッチンペーパーを当てます。切り口が乾燥しないように外葉でおおい、さらに新聞紙で包んで、ビニール袋に入れ、冷蔵庫で保存します。

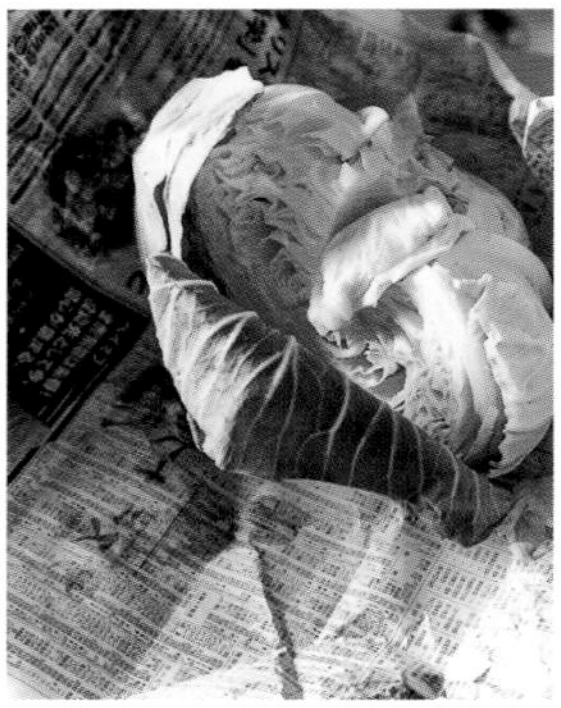

春キャベツ

冬キャベツ

たっぷりキャベツとソーセージの洋風みそ汁

材料(2人分)
キャベツ…1/2個
長ねぎ…1/2本
粗びきソーセージ(小)…12本
A
酒…1/4カップ
塩…ひとつまみ
鶏がらスープの素…小さじ1
バター…10g
信州みそ…大さじ1と1/2
黒こしょう…適宜

作り方
1 キャベツは芯を取って4つのくし形に切り、長ねぎはたて半分にしてから4～5cmの長さに切る。
2 鍋に長ねぎとソーセージ、水2カップ、Aを入れて火にかける。上からキャベツをかぶせ、ちぎったバターをのせてふたをする。
3 煮立ったら弱火にし、10分ほど蒸し煮にする。キャベツがやわらかくなったらみそを溶き入れ、味をととのえる。キャベツをくずしながら器に盛りつけ、こしょうをひく。
*洋風の味つけにしたいので、みそは信州みそのようなくせのないものを使いましょう。

春キャベツと油揚げのさっと煮

材料(4人分)
春キャベツ…1/2個
油揚げ…1枚
だし汁…3/4カップ
酒…大さじ1
ナンプラー…小さじ2
ごま油…小さじ1

作り方
1 キャベツは大きめのざく切りにする。油揚げはさっと熱湯をかけてから、食べやすい大きさに切る。
2 鍋にだし汁、酒、ナンプラー、ごま油を入れて強火にかける。煮立ったらキャベツと油揚げを加え、ふたをする。
3 再び沸いてきたらざっと混ぜてふたをし、弱火にして1分ほど煮、火をとめる。
*春キャベツは余熱ですぐにやわらかくなるので、半生くらいで火をとめるとよい。

春のロールキャベツ

材料(4人分)
春キャベツ…1個
玉ねぎ…½個
豚ひき肉(脂が多めのもの)
…250g
ディル…3〜4本
冷やごはん…ひとつかみ(60g)
酒…大さじ2
固形スープの素…1個
バター…10g
生クリーム…½カップ
塩・黒こしょう…各適宜

作り方
1 キャベツは芯をくり抜く。玉ねぎはみじん切りに、ディルは葉の部分を細かく刻む。
2 大鍋に湯を沸かし、キャベツを丸ごとゆでる。ゆで上がったそばから1枚ずつはがし、ざるに上げて8枚分とる。残りのキャベツもざるに上げておく。芯の部分は巻きやすいようにそぎとり、粗みじんに切る。
3 ボウルにひき肉、玉ねぎ、ごはん、2のキャベツの芯、ディルを入れ、練り合わせる。塩、こしょうを加えてさらに混ぜる。
4 キャベツを広げ、8等分にした3の具を丸めてのせる。芯の方から包み、巻き終わりは楊枝でとめる。
5 鍋に4を(詰めこむように)並べ入れ、水1カップ、酒、刻んだ固形スープの素、バター、塩ひとつまみを加えてふたをし、強火にかける。煮立ったら弱火にして20分ほど煮る。
6 肉に火が通ったら、生クリームを加え、ふたをせずに4〜5分煮、塩、こしょうで味をととのえる。
＊キャベツはくれぐれもゆですぎないこと。青々としてまだ固いかなと思うくらいでだいじょうぶ。春キャベツで作るロールキャベツは、煮すぎないのが身上です。
＊残ったキャベツは、刻んで辛子じょうゆと和えたり、みそ汁やスープの具にするとよい。

せん切り春キャベツの酢油かけ

材料(4人分)

春キャベツ…1/2個

A
- 玉ねぎのすりおろし…1/4個分
- ねり辛子…小さじ1/2
- 塩…小さじ1
- しょうゆ…小さじ1/2
- 酢…大さじ2
- サラダ油…大さじ3

黒こしょう…適宜

作り方

1 キャベツはせん切りにしてざっと水にさらす。ざるに上げ、水けをよくきって器に盛りつける。

2 Aを混ぜ合わせ、まわしかける。

*居酒屋さんのメニュー風。キャベツの水けをしっかりふきとるのがおいしく作るコツ。時間がたってドレッシングがしみ込み、しんなりしたキャベツもまたおいしいものです。

キャベツと豚肉の鍋蒸し煮

材料（4人分）
キャベツ…1個
豚肩ロース肉（ブロック）
…600g
玉ねぎ…1個
にんにく…2片
ローリエ…3枚
酒…1カップ
バター…30g
オリーブオイル…大さじ2
塩・黒こしょう…各適宜
粒マスタード…適宜

作り方

1　豚肉は包丁の先で数ヶ所穴をあけ、芯をのぞいて細長く切ったにんにくを差し込み、塩小さじ1（分量外）をすりこんでおく。玉ねぎはみじん切り、キャベツは4つに切ってから、大きめにちぎる。

2　厚手の鍋にオリーブオイルを熱し、玉ねぎが黒く焦げるまで強火でよく炒める。

3　1の豚肉、酒、ローリエを入れ、上からキャベツを鍋いっぱいに重ね入れる。途中、かさが減ってきたら残りのキャベツも加えながら、ふたをして弱火で1時間ほど蒸し煮する。

4　豚肉に竹串をさし、透明の肉汁が出てきたらいったん取り出して、食べやすく切った肉を戻し入れ、さらに20分ほど煮込む。バターを加えて塩、こしょうで味をととのえ、粒マスタードをつけて食べる。

＊これは若い頃に読んだ本のレシピを、私流にアレンジしたわが家の十八番です。玉ねぎは弱火でアメ色に炒めるのではなく、むしろ強火で焦がすように炒めるのがポイント。焦げすぎたかなと思っても、この焦げつきがキャベツにからまって、まるでしょうゆを加えたような懐かしく香ばしい味になるのです。

＊写真は肉を切り分け、さらに煮込む前のものです。できあがりはキャベツがもう少し茶色く、くたっとした状態になります。

かぶ

かぶは冬に向かうにつれみっしりと味がつまり、寒さに当たった1～2月頃は甘みものってきます。皮からもおいしい味が出るし、繊維も味のうちだと思うので、いつも私は皮ごと料理しています。とくに春のかぶはやわらかくてみずみずしいので、ぜひ生でサラダにして、フレッシュな味を楽しんでください。

さっと焼いたり、さっと煮るくらいで火をとめ、歯ごたえを残したかぶもおいしいし、コトコトとくずれるくらいに煮込んでもおいしいけれど、どうやって料理をしても、かぶ自体の味をたいせつに、調味料はごく控えめにするといいと思います。せっかく色も白いので、調味料の色も薄いものを選んでください。

葉は栄養があるし、炒め物やおひたしにするととてもおいしい。小松菜などより味があっておいしいくらいだと、私はいつも思います。

保存

葉をつけ根のところで切り離し、かぶはキッチンペーパーに包んでビニール袋に、葉は青菜と同様に（48ページ参照）紙袋に入れてからビニール袋に。葉はこの状態で10日ほどピンピンしています。

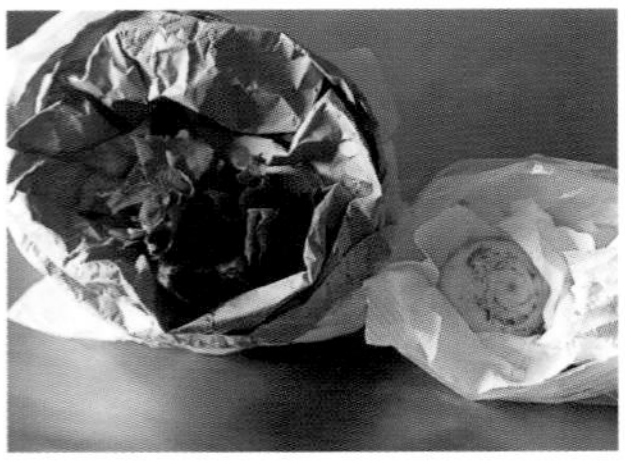

保存食

かぶの方は傷みが早いので、早めに使うか、塩でもんで浅漬けにしておきます。漬物としても、生の野菜を加えてサラダにしてもおいしい。たとえば水菜やクレソン、貝割れ大根などと合わせ、ポン酢じょうゆとごま油をふりかけた簡単なものが、歯ごたえがおもしろくて喜ばれます。

かぶの塩もみ

材料（作りやすい分量）

かぶ…5個（300g）

昆布…5cm角×1枚

塩…小さじ½強

作り方

1　かぶは葉を切り落とし、皮のまくし形に切る。ボウルに入れて塩をまぶし、20分ほどおく。

2　水が出てきたら、昆布を半分に切って加え、水分ごと保存容器に入れる。

＊冷蔵庫で3～4日保存できます。

新鮮

かぶのスープ

エスニック味

材料(2人分)
かぶ…2個
干しエビ…大さじ½
(酒大さじ1に20分ほどつけ、細かく切る)
だし汁…2カップ
ナンプラー…小さじ2
かぶの葉…適宜
塩・黒こしょう…各適宜
香菜・レモン…各適宜

作り方
1 かぶは葉を切り落として皮ごと半分に切る。
2 鍋にかぶ、だし汁、ナンプラー、干しエビをもどし汁ごと入れて強火にかける。煮立ったらアクをすくって弱火にし、ふたをして煮る。
3 かぶがやわらかくなったらお玉でくずし、塩で味をととのえる。
4 ざく切りにしたかぶの葉を加えて火をとめ、器に盛りつける。刻んだ香菜を散らしてレモンをしぼり、こしょうをひく。

みそ味

材料(2人分)
かぶ…2個
豚コマ肉…50g
だし汁…2カップ
酒…大さじ1
信州みそ…大さじ1
塩…少々
かぶの葉・万能ねぎ…各適宜
七味唐辛子…適宜

作り方
1 かぶは葉を切り落として皮ごと半分に切る。
2 鍋にかぶ、だし汁、酒を入れて強火にかける。煮立ったらひと口大に切った豚肉を加え、アクをすくい、ふたをして弱火で煮る。
3 かぶがやわらかくなったらお玉でくずし、みそを溶き入れる。
4 塩で味をととのえ、ざく切りにしたかぶの葉を加えて火をとめる。器に盛り、七味唐辛子をふって万能ねぎの小口切りを散らす。
＊みそはくせのない信州みそを使う。

塩、バター味

材料(2人分)
かぶ…2個
だし汁…2カップ
酒…大さじ1
バター…10g
塩・黒こしょう…各適宜
ディル…適宜

作り方
1 かぶは葉を切り落として皮ごと半分に切る。
2 鍋にかぶ、だし汁、酒、バターを入れて強火にかける。煮立ったらアクをすくって弱火にし、ふたをして煮る。
3 かぶがやわらかくなったらお玉でくずし、塩で味をととのえる。器に盛りつけ、刻んだディルを散らしてこしょうをひく。

みそ味
エスニック味
塩、バター味

かぶの厚切りサラダ

材料（4人分）
かぶ…4個
塩…小さじ½
A
- ねりわさび…適宜
- しょうゆ…大さじ1と½
- ごま油…大さじ1
- レモン汁…½個分

作り方
1　かぶは葉を切り落とし、皮ごと厚めの輪切りにしてボウルに入れ、塩をふってなじませる。
2　2〜3分おいたら器に盛り、Aを合わせてまわしかける。

かぶの厚切り焼くだけ

材料（2人分）
かぶ…2個
オリーブオイル…大さじ1
塩・黒こしょう…各適宜

作り方
1　かぶは根元の葉を少し残して切り落とし、皮ごと1cmの厚さに切る。根元の泥を洗い流し、水けをよくふきとる。
2　フライパンにオリーブオイルを入れて強火にかけ、かぶを並べ入れる。焼き目がしっかりつくまで返さずにじっくり焼き、裏面は軽く焼く。
3　焼けたものから器に盛りつけて塩をふり、黒こしょうをひく。
＊中は半生くらいの焼き加減。とくに冬のかぶで作るとおいしいです。

かぶの葉とクレソンの塩おひたし

材料（4人分）
かぶの葉…5個分
クレソン…2束
白ごま…大さじ2
塩…小さじ½
黒こしょう…適宜
ごま油…大さじ1と½
レモン…¼個

作り方
1　ごまは軽く炒ってすり鉢で半ずりにし、塩、こしょう、ごま油を加えて混ぜ合わせる。
2　沸騰した湯に塩少々（分量外）を加え、かぶの葉を根元から沈める。続けてクレソンも加えてゆで、ざるに上げて自然に冷ます。
3　2の水けを軽くしぼって食べやすく切り、1のすり鉢に入れる。手でほぐしながらざっくり和え、味をなじませてレモンをしぼる。

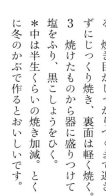

かぶの葉たっぷりのパスタ

材料（2人分）
かぶの葉…4個分
ベーコン…3枚
スパゲティ…160g
オリーブオイル…大さじ1
バター…20g
溶けるチーズ…100g
塩・黒こしょう…各適宜

作り方
1　かぶの葉は4cmのざく切り、ベーコンは3cmの長さに切る。
2　鍋にたっぷりの湯を沸かし、塩少々（分量外）を加えてスパゲティをゆでる（表示時間より2分短め）。
3　フライパンにオリーブオイルを熱し、ベーコンを炒める。脂が出て表面がカリッとするまで炒めておき、スパゲティがゆで上がる直前にかぶの葉を加えてざっくり合わせる。
4　かぶの葉がほとんど生の状態で、ゆで上がったスパゲティとゆで汁大さじ2、バターを加えてざっと合わせ、チーズをからめる。
5　塩、こしょうで味をととのえる。

〔青菜〕

せり、根三つ葉、菜の花、水菜、京菜など、季節ながらのおいしい青菜は他にもいろいろあります。クレソンだって青菜の種類だと私は思いますが、ここでは代表的なものを3種だけ紹介します。

露地ものが出回る12～2月の小松菜は、茎が太くぬるりとして甘みがあります。

冬のほうれん草は、葉が大きく肉厚で甘みがありますが、春は色が新緑のようにみずみずしく、茎も細目でシャキッとしたおいしさです。

春菊も一年中ありますが、秋冬のものは茎までやわらかく、生でも食べられるくらいにおいしい。

保存

青菜の保存はすべて共通です。根元を中心にざっと水をかけ、根元を下にして紙袋に入れ、ふんわり口をしめてビニール袋に入れ、冷蔵庫へ。これで10日間はピンピンしています。

＊新聞紙でもいいけれど、中で青菜が広がる余裕をもって、ふんわり包んでください。

ゆで方

青菜をゆで始めたら、鍋の前から離れずに色の変化をよく観察してください。

ゆでてから水に放つのは、時間がたっても色が変わらないようにするためです。すぐに食べるのなら、自然に冷ました方が水っぽくなりません。この時、ざるの上でも余熱が入ることを頭に入れて、早めに引き上げること。
＊アクが気になるほうれん草は、水にさらしましょう。

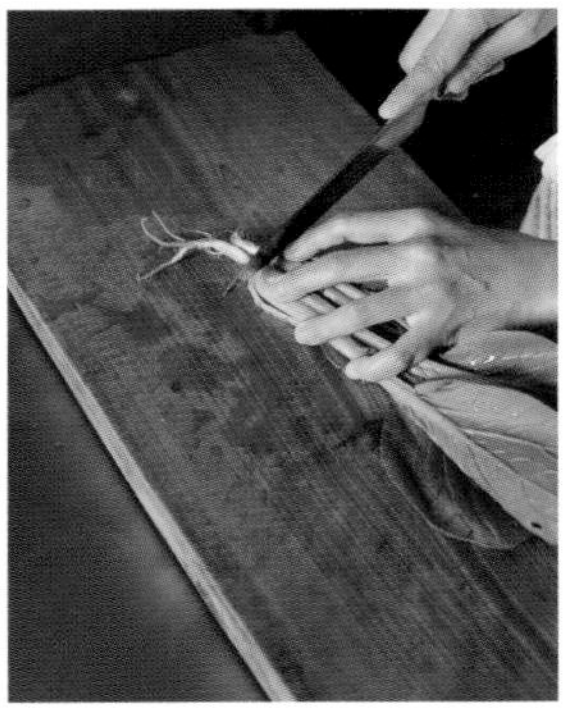

1　根がついている青菜は、根元ぎりぎりのつながったところで切り落とす。

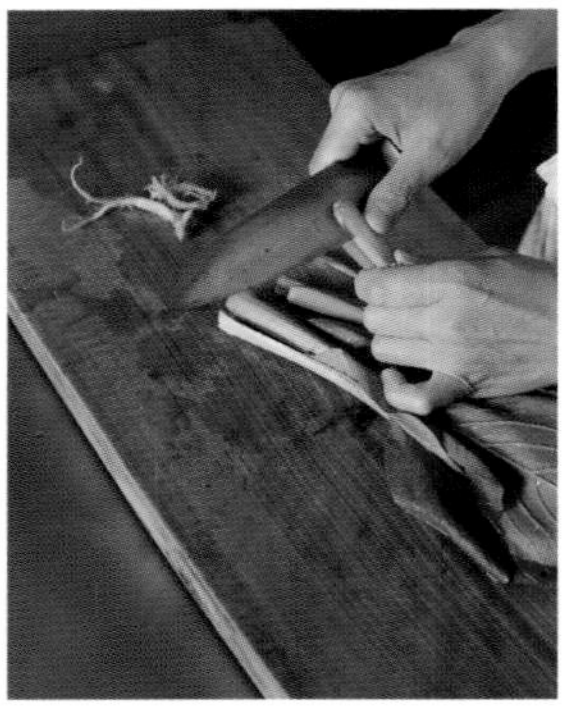

2　根元に2㎝ほど、一文字（太いものは十文字）に切り込みを入れる。

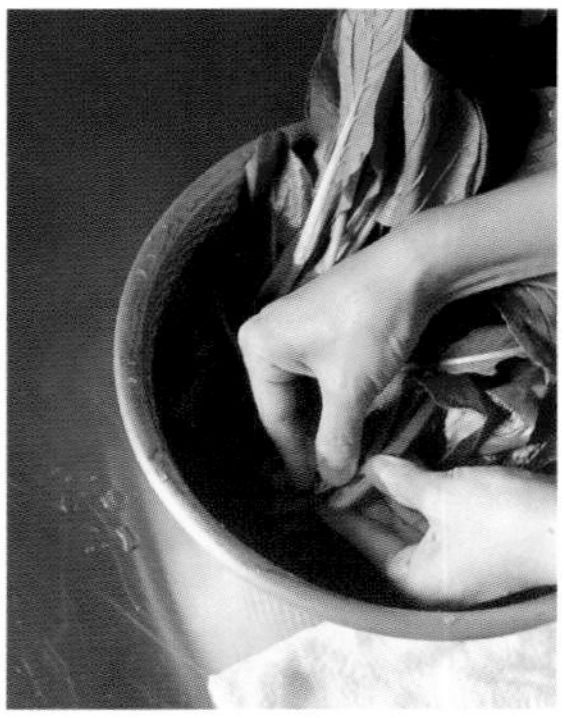

3　たっぷりの水に放し、流水の中でざぶざぶ洗って根元に入りこんだ泥を落とす。

4　鍋を強火にかけてたっぷりの湯を沸かし、ぐらぐらっときたら塩をひとつまみ入れる。根元の固い方から青菜を入れ､すぐにさい箸で葉先の方まで沈めて、さっと泳がせる。

5　ほんの数秒で青菜の色が冴えてくるので、そのタイミングを見逃さずにざるに上げる。

6　ざるの上で時々広げながら、自然に冷ます。手でしぼれるくらいに冷めたら、ざっと水けをしぼる（私はあまりきつくしぼりません）。

春菊と水菜の韓国風あっさりサラダ

材料（4人分）
春菊・水菜…各½束
青じそ…20枚
A
一味唐辛子…小さじ¾
おろしにんにく…1片分
しょうゆ…大さじ1と½
酢…大さじ2
ごま油…大さじ2
焼きのり…2枚
すりごま…大さじ2

作り方
1　春菊は4〜5㎝のざく切りにし、茎の固い部分を薄く切る。水菜は4〜5㎝のざく切りに、青じそは軸を取っておおまかにちぎる。すべての野菜を合わせ、水けをよくふきとる。
2　ボウルにAを合わせておき、1とちぎったのり、すりごまを加えてざっくり和える。

春菊のチヂミ

材料(2人分)
春菊…1束
かつお節…ふたつかみ
薄力粉…100g
塩…少々
ごま油…大さじ3
A
おろしにんにく…1片分
コチュジャン…小さじ2
しょうゆ…小さじ1
みそ…小さじ1
ごま油…小さじ1

作り方
1　春菊は4~5cmのざく切りにし、茎の固い部分は薄く切る。Aを混ぜ合わせてたれを作る。
2　ボウルに薄力粉と塩を入れ、水2カップを加えて泡立て器でなめらかになるまでよく混ぜる。春菊とかつお節を加え、ざっと合わせる。
3　フライパンにごま油大さじ1と½を入れて強火にかけ、2の半量を流し入れる。フライパンのふちまで広げてのばし、カリッとした焼き目がつくまでじっくり焼く。ひっくり返し、裏面も香ばしく焼き上げる。残ったごま油で、残りの1枚も同様にして焼く。
4　食べやすい大きさに切って皿に盛り、たれを添える。
*おどろくほど春菊がたっぷり入って衣はからまる程度です。

ほうれん草と魚肉ソーセージ炒め

材料(2人分)
ほうれん草…1束
魚肉ソーセージ…2本
バター…15g
塩・黒こしょう…各適宜
サラダ油…大さじ1

作り方
1　ほうれん草は根っこの赤い部分に包丁を入れ、泥を洗い流して5cmのざく切りにする。ソーセージは斜め厚切りにする。
2　フライパンにサラダ油を熱し、ソーセージを強火で炒める。焼き目がつくまで炒めたら、ほうれん草を加える。
3　10秒ほどふたをして蒸し、バターと塩を加えてざっと炒め合わせ、こしょうをひく。

小松菜とかぶの葉おひたし

材料(4人分)
小松菜…½束
かぶの葉…3個分
A
だし汁…2カップ
酒…大さじ1
薄口しょうゆ…小さじ2
塩…小さじ½強
ごま油…小さじ2

作り方
1　鍋にたっぷりの湯を沸かし、小松菜とかぶの葉を同時に入れて色よくゆでる(50ページ参照)。ざるに上げ、自然に冷まして水けをしぼり、大きめのざく切りにする。
2　鍋にAを入れて火にかける。沸騰したら小松菜とかぶの葉を加え、ひと煮立ちしてから火をとめ、ごま油を加える。

もやし

一年中あるし、安価だからといって、もやしをあなどるなかれ。とにかく、もやしはシャキシャキに歯ごたえよく料理しましょう。ゆでるのも炒めるのも、ちょっと早いかなというくらいで火をとめるのがコツ。余熱でどんどん火が通っていきますから。もやしの炒め物の汁を飲んだことのある方は知っているかと思いますが、もやしってけっこう「だし」が出るなと私は思います。少なめの水でもやしを蒸しゆでし、その汁をためしに飲んでみてください。ここに豚コマ肉でも加えて味つけすれば、りっぱなスープになります。そして嬉しいことに、もやしには食物繊維もビタミンCもたっぷり含まれています。ただしビタミンCは熱に弱いので、加熱時間は短めに。やっぱりシャキシャキが身上なのです。

Salad Cosmo
緑豆もやし
2004.05.20
2004.05.17
要冷蔵

もやしと鶏のみそごまスープ

材料（2人分）
もやし…1袋半
鶏の骨付きぶつ切り肉…400g
昆布…5cm角×1枚
しょうが…1片
酒…1/4カップ
信州みそ…大さじ2と1/2
ナンプラー…小さじ1～2
ごま油…大さじ1/2
香菜・白すりごま…各適宜
黒こしょう…適宜

作り方
1　鍋に鶏肉、昆布、しょうが、酒、水3カップを入れ、火にかける。煮立ったらアクをすくい、ふたをして弱火にする。
2　40分ほど煮込んで鶏肉がやわらかくなったら、昆布としょうがを取りのぞく。みそを溶き入れ、ナンプラーで味をととのえる。
3　強火にしてもやしとごま油を加え、ざっくり混ぜてふたをし、火をとめる。器に盛って刻んだ香菜を散らし、すりごまとこしょうをふる。
＊もやしを加えたらすぐに火をとめ、余熱で蒸し煮にするのがコツ。
＊みそは、くせのない信州みそを使いましょう。

もやしのねぎ塩和え

材料（2人分）
もやし…1袋
長ねぎ…20cm
A
塩…小さじ1
レモン汁…1/2個分
黒こしょう…適宜
ごま油…大さじ2

作り方
1　たっぷりの湯でもやしをさっとゆで、ざるに上げて粗熱をとる。
2　Aをボウルに入れ、長ねぎの粗みじん切りを加えてよく混ぜる。1のもやしを加えてざっくり合わせる。

もやしのソース炒め

材料（2人分）
もやし…1袋
豚コマ肉…80g
酒…大さじ1
ウスターソース…大さじ1と½
黒こしょう…適宜
ごま油…大さじ1

作り方

1　もやしは洗ってざるに上げ、水けをよくふきとる。豚肉は食べやすい大きさに切る。

2　フライパンにごま油を入れて強火にかけ、豚肉を広げるようにして焼きつける。脂が出てきたら、もやしを加えてざっと合わせる。もやしが半生の状態で酒を加え、ふたをして10秒ほど蒸らす。

3　ソースを加えて味をととのえ、こしょうをひく。

＊フライパンいっぱいになって炒めにくいもやしは、酒を入れて一瞬ふたをすると、かさが減って炒めやすくなります。ほうれん草や青菜なども同様です。

もやしチヂミ

材料（2人分）
もやし…1袋
かつお節…ひとつかみ
卵…1個
薄力粉…70g
塩…少々
A
おろしにんにく…½片分
白すりごま…小さじ2
しょうゆ…大さじ2
ごま油…小さじ2
マヨネーズ…適宜
ごま油…大さじ2

作り方
1　Aの材料を合わせてたれを作る。
2　ボウルに卵を割り入れ、水1カップを加え混ぜる。薄力粉と塩を加えてなめらかになるまでよく混ぜ、もやしとかつお節を加える。
3　フライパンにごま油大さじ1を入れて強火にかけ、2の半量を流し入れる。フライパンいっぱいに広げてのばし、カリッとした焼き目がつくまでしっかり焼く。裏返してふたをし、弱めの中火で中まで火を通す。残りの1枚も同様にして焼く。
4　器に盛りつけ、熱いうちにマヨネーズをぬり、たれをつけて食べる。

〔夏野菜〕

トマト
枝豆
ピーマン
きゅうり
みょうが
いんげん
ゴーヤー
オクラ

〃地面の下からころげでた　やさいのにおいはすばらしい。
きゅうりの青いぼ、なすのへた、とても、もぎたて、むずがゆい。
サラダと青ねぎ、夏だいこん、朝からぷんぷんにおいます〃

（北原白秋「やさい礼賛」より）

太陽の光をいっぱいに浴びて、ぐんぐん大きくなった夏の野菜は、水分もたっぷりで生でも充分食べられます。だから、どれもあまり火を通しすぎないように、強火でささっと料理しましょう。勢いのいっぱいつまった夏野菜は、それだけで味があるので、くれぐれも調味料で厚着をさせないように。青じそや、みょうがやしょうが、ミント、香菜、すだちなど、夏に元気な薬味野菜もたっぷり合わせて食べましょう。

夏野菜はまさに新鮮さが命なので、その日のうちに使い切るくらいの気持ちで、量を加減して買うことです。どうしても残ってしまったら、キッチンペーパーや新聞紙で包んで、冷えすぎないようにしてからビニール袋に入れ、冷蔵庫に保存してください。とくにとうもろこしは、もぎ立てがいちばんおいしいことを頭に入れておくといいと思います。

＊ここで使った夏野菜は、なすもピーマンもゴーヤーもきゅうりも、ごらんの通りブリブリと大きいものです。レシピは、この大きな野菜を使っての分量になっています。

薬味野菜の保存

青じそはパックに入れたまま冷蔵庫に入れておくと、すぐに湿ったり凍ったりしてしまいます。すっぽり入る高さのグラスに、根元のゴムをはずした青じそを入れ、茎だけが浸かるように1cmほど水を入れます。キッチンペーパーをかぶせ、さらにラップでおおっておけば、冷蔵庫で2週間はピンピンしています。

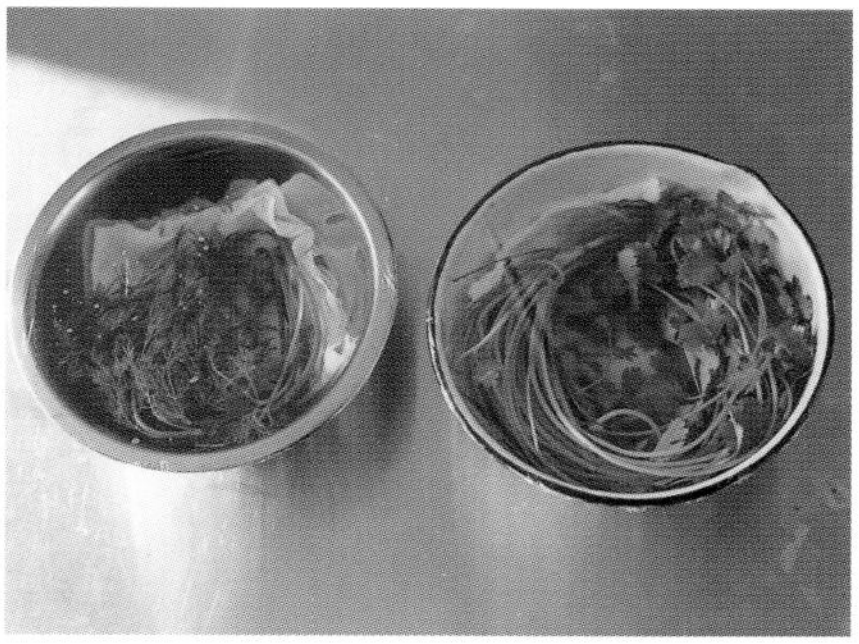

香菜やディルなどのハーブ類は、ボウルの底に湿らせたキッチンペーパーをしいた上にふんわりのせ、ラップをかぶせます（湿気のある部屋を作るわけです）。ちょっと場所をとりますが、こうしておけば冷蔵庫で2週間ほどピンピンしています。

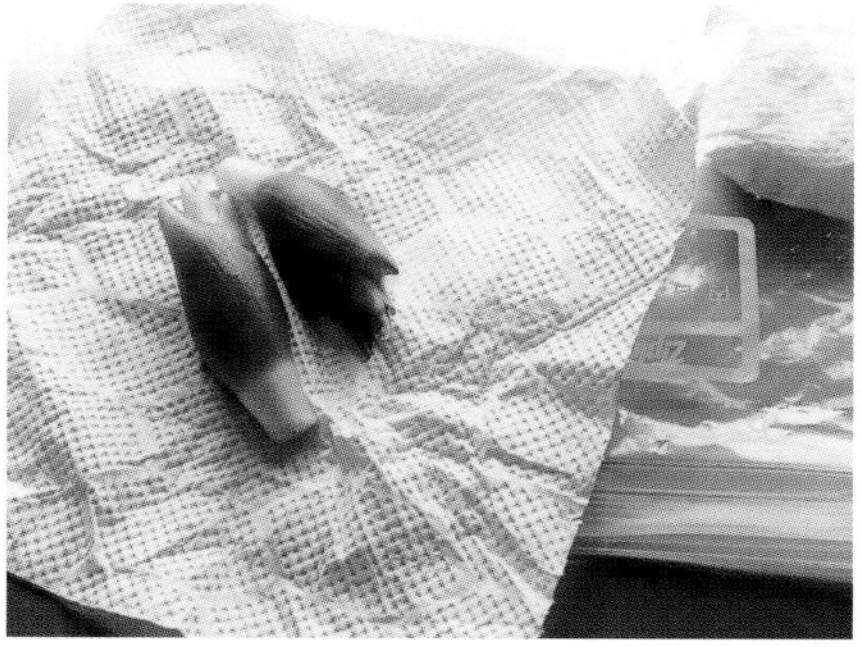

みょうがは水分が多いので、すぐに凍ってしまいます。冷えすぎないようにキッチンペーパーで包み、厚手のビニール袋に入れて冷蔵庫へ。それでもしんなりしてきたら、刻んで塩もみしておきます。

焼きなすの焼き方2種

なすの旬は秋だとばかり思っていましたが、露地ものは夏が旬です。皮がやわらかく、果肉もみずみずしいいろいろな形のなすが出回ります。わが家でも夏になると焼きなすをよく作りますが、とにかく強火でガンガン焼くことです。そして焼き上がったら、熱いからといって水で冷やしたりしないこと。せっかくのおいしい汁が流れてしまいます。また、包丁で輪切りにしてもいいのですが、繊維に沿ってたてに裂くと、ジューシーな汁とともに、味がからまりやすくなります。

もうひとつ紹介するのは、フライパンを使った焼きなすといったところ（写真左）。たっぷり油を吸って焼いたなすもおいしいけれど、これは少なめの油で表面を焼きつける（焦がす）ことで、中が蒸し焼きになるやり方です。

1　なすはガクのヒラヒラした縁を取りのぞき、強火にかけた網にのせる。片面が黒く焦げるまでころがさずにしっかり焼き、つかんでみてブカブカしていたら返す。裏は軽く焼くだけでだいじょうぶ。

2　全体が真っ黒に焼けたら、熱いうちに指先だけ水で冷やしながら皮をむき、へたを切り落とす。

厚めに切ったなすを、少なめの油をしいたフライパンで強火で焼き付ける。表面をここまで焦がしてから裏返すと、じわじわと熱が伝わって中が蒸し焼きになる。

枝豆のゆで方

枝豆は枝つきのものをもいで、すぐにゆでるのがいちばんおいしい。ゆで時間は豆の種類や大きさによっても違いますが、ちょっと固めにゆでた方が新鮮な甘みがいきると思います。ざるに上げたら、塩をふってゆで立ての熱いうちに食べましょう。

1　枝豆は枝から切り離してボウルに入れる。ざっと洗って塩ひとつかみを加え、産毛をこするようにしてもむ。

2　鍋に湯を沸かし、沸騰したら塩がついたままの枝豆を入れる。さい箸でときどき返しながら、3〜4分したら食べてみてゆで加減を確かめる。ざるに上げ、自然に冷ます。

トマトのエスニックスープ

材料(2人分)
トマト…1個
香菜…1株
ディル…2本
すだち…1個
酒…大さじ2
鶏がらスープの素…小さじ1と½
青唐辛子のナンプラー漬け
…小さじ1
ナンプラー…小さじ2
塩・黒こしょう…各適宜

作り方
1 トマトはへたを取り、くし形に切る。香菜は1cmのざく切りにし、根はたて半分に切る。ディルは刻む。
2 鍋に水2カップと酒、鶏がらスープの素、香菜の根を入れて火にかける。煮立ったら青唐辛子のナンプラー漬けとナンプラーを加える。
3 トマトを加えてひと煮立ちしたらすだちをしぼり入れ、味をみて足りなければ塩で味をととのえる。器に盛ってこしょうをひき、香菜とディルを散らす。

[青唐辛子のナンプラー漬け]
小口切りにした青唐辛子を保存用のビンに入れ、ナンプラーをひたひたに注ぎ入れる。スープのほか、チャーハンにふりかけたり、冷や奴にかけたり、レモンをしぼってお刺し身につけたりといろいろ使えます。冷蔵庫で約半年保存できます。夏ならではの保存調味料。

冷やしトマト

材料(1人分)
トマト…1個
塩…適宜

作り方
トマトはよく冷やし、へた下1cmほどのところで切り離す。くし形に切って、もとのトマトの形に整えてから器に盛りつけ、塩を添える。
*料理というほどのものではないのですが、へたのまわりまできれいに食べられるし、そのままのトマトの姿が美しいので。

トマト焼きごはん

材料（2人分）
トマト…2個
豚コマ肉…150g
にんにく…2片
ごはん…2杯分
レタス…½個
卵…2個
酒…大さじ2
しょうゆ…大さじ1
バター…10g
A［酢…小さじ2
　塩・黒こしょう…各適宜
サラダ油…大さじ1

作り方
1　トマトは横半分に切り、切り口に1cm深さの切り込みを格子状に入れる。豚肉は1cmの幅に切り、塩、こしょう少々（分量外）で下味をつける。にんにくは包丁の腹でつぶし、粗く切る。
2　フライパンにサラダ油を熱し、にんにくを炒める。にんにくが色づいてきたら強火にして豚肉を加え、よく炒める。
3　豚肉に火が通ったらフライパンの端に寄せ、トマトの切り口を下にして並べ入れる。ふたをして蒸し焼きにし、皮にしわがよってきたら裏面も軽く焼く。器にごはんと大きめにちぎったレタスをのせ、トマトだけ取り出して盛りつける。
4　3のフライパンに酒、しょうゆ、バターを加えて肉にからめ、こしょうをひいてトマトの上にかける。
5　別のフライパンで目玉焼きを作って盛りつけ、レタスにAをふりかける。
＊トマトは焼きくずれないよう強火で火を通す。

オクラの網焼き

材料（2人分）
オクラ…1パック（10本）
ナンプラー・黒こしょう…各適宜
すだち…適宜

作り方
1 オクラはへたの汚れているところだけ取りのぞく。
2 焼き網を強火にかけ、オクラをころがしながら焼く。
3 ナンプラーを入れた小皿にこしょうをひき、すだちをしぼって焼きたてのオクラをつけて食べる。
＊夏のオクラはみずみずしくて生でも食べられるので、強火でざっと表面を焦がす程度でだいじょうぶ。

ベトナム風たたききゅうり

材料（4人分）
きゅうり（大）…4本
香菜…1株
ミント…ひとつかみ
青じそ…10枚
おろしにんにく…1片分
すだち…2個
塩…小さじ½
ナンプラー…大さじ1
ごま油…小さじ2

作り方
1 きゅうりはへたを取り、すりこぎでたたく。食べやすい大きさに手で割りながらボウルに入れ、塩を加えて軽くもむ。水が出てきたら、おろしにんにく、ナンプラー、ごま油を加え混ぜる。
2 香菜は3㎝のざく切り、ミントと青じそはおおまかにちぎって1に加え、すだちをしぼってざっくり混ぜる。
＊きゅうりから出てきた汁もおいしいので、捨てずに調味料を加えてください。

枝豆と豆腐の和え物

材料（4人分）
枝豆（ゆでたもの・65ページ参照）…2つかみ
木綿豆腐…1丁
おろししょうが…2片分
塩…小さじ½
ごま油…大さじ1
黒こしょう…適宜
しらす干し…大さじ3
すだち…適宜

作り方
1　ゆでた枝豆の実をはずす。
2　ボウルに豆腐をくずし入れ、枝豆、おろししょうが、塩、ごま油、こしょうを加えてざっと和える。
3　器に盛ってしらす干しをのせ、すだちを添える。

ピーマンの網焼き

材料（4〜6人分）
ピーマン…15個
谷中しょうが…2〜3本
しょうゆ…大さじ2
ごま油…大さじ1

作り方
1　ピーマンはたて半分に切って種とへたを取りのぞき、大きかったら横半分に切る。谷中しょうがは汚れた部分だけを包丁でけずり、すりおろす。
2　大きめのボウルに、おろししょうが、しょうゆ、ごま油を合わせておく。
3　焼き網を強火にかけ、ピーマンを焼く。焦げ目がついたら返し、焼けたそばから2のボウルに入れ、ざっと合わせる。
＊ピーマンはくれぐれも焼きすぎないように。強火で皮目からさっと焼いたら、裏はほとんど焼かないくらいがちょうどいい。
＊しょうがは季節なので、谷中しょうがか新しょうがを使ってみてください。普通のしょうがよりも、きめが細かく爽やかな香りです。

オクラ、めかぶ、わかめのぬるぬる

材料（4人分）
オクラ…2パック（20本）
青じそ…10枚
みょうが…2個
めかぶ…160g
わかめ（もどしたもの）…100g
かつお節…ひとつかみ
酢…大さじ3
薄口しょうゆ…大さじ1と1/2

作り方
1　オクラはへたの角をくるりとむく。青じそはせん切りに、みょうがはたて半分にしてから薄切りにし、合わせて冷水にさらす。
2　沸騰した湯に塩少々（分量外）を加え、オクラを色よくゆでる。ゆで上がったら氷水にさらし、3cm長さのぶつ切りにする。
3　ボウルにめかぶと食べやすく切ったわかめ、オクラを入れる。酢、しょうゆ、かつお節を加えてねばりが出るまで混ぜ合わせ、器に盛る。水けをきった青じそとみょうがをのせる。

＊わかめのもどし方
塩蔵わかめ適宜をボウルに入れ、ざっと塩を洗い流してざるに上げる。ボウルにもどして熱湯をかけ、1〜2分おく。鮮やかな緑色になったら冷水にとる。一度にもどして食べやすく切り、ポリ袋に入れておくと、サラダや汁物、うどんやラーメンにのせたりと、すぐに使えて便利です。冷蔵庫で3〜4日保存可能。

とうもろこしのみそ汁

材料(4人分)
とうもろこし…1本
だし汁…4カップ
信州みそ…大さじ3強
バター…10g
黒こしょう…適宜
万能ねぎ…適宜

作り方

1 とうもろこしは半分に割る。塩少々(分量外)を加えたたっぷりの湯で3分ほど固めにゆでる。ゆで上がったらひと粒ずつ手でほぐす。

2 鍋にだし汁を入れて火にかける。沸いてきたらとうもろこしを加え、ひと煮立ちしたらみそを溶き入れる。バターを加え、こしょうをひく。

3 器に盛り、小口切りにした万能ねぎを散らす。

＊みそはくせのない信州みそを。

なすの塩もみ

材料（4人分）
なす（大）…4本
みょうが…2個
谷中しょうが…1束
塩…小さじ1
しょうゆ…適宜
ねり辛子…適宜
みそ…適宜

作り方
1　なすはへたを切り落とし、縞状に皮をむく。たて半分に切ってから2cmの斜め切りにし、切ったそばから水にさらす。みょうがはたて半分にしてから斜め薄切りにし、塩少々（分量外）で軽くもむ。谷中しょうがは食べやすく切り、冷水にさらしてシャキッとさせる。
2　1のなすをざるに上げて水けをきり、ボウルに入れる。塩を加えて水分を出すようにきゅっきゅっともみ、しんなりしたら器に盛る。みょうがと谷中しょうがを盛り合わせ、みそと辛子じょうゆを添える。
＊色が変わりやすいので、食べる直前に作りましょう。

シンプル焼きなす

材料(4人分)
なす(大)…3〜4本
ごま油…小さじ2
塩…小さじ½
黒こしょう…適宜
すだち…½個

作り方
1　なすは網焼きにして熱いうちに皮をむき、竹串でたてに裂く(64ページ参照)。
2　ボウルに1のなすを入れ、ごま油、塩、こしょうを加えてざっくり混ぜる。器に盛ってすだちを添える。好みでしょうゆを少しかけてもよい。

なすのフライパン焼き

材料(4人分)
なす(大)…4本
ごま油…小さじ2
黒こしょう・しょうゆ…各適宜

作り方
1　なすはへたを切り落とし、たてに厚切りにして水にさらす。
2　フライパンに半量のごま油を熱し、水けをふきとったなすを並べる。しばらく返さないで焦げ目がしっかりつくまで強火で焼き(64ページ参照)、裏返してさっと焼く。焼けたものから取り出し、残ったごま油を加えながら、残りのなすも同様にして焼く。
3　器に盛りつけこしょうをひき、しょうゆをかけて熱いうちに食べる。

なすのくったりしょうゆ炒め煮

材料(4人分)
長なす…5本
煮干し…10匹
酒…大さじ4
しょうゆ…大さじ3
おろししょうが…1片分
ごま油…大さじ2

作り方
1　なすはたて半分にしてから2㎝厚さの斜め切りにし、水にさらす。煮干しは頭とワタを取りのぞき、粗めに手でちぎる。
2　鍋にごま油を熱し、水けをふきとったなすを強火で軽く炒める。油がまわったら、酒、しょうゆ、煮干し、水¼カップを加える。
3　煮立ったら中弱火にし、落としぶたをしてなすがくったりするまで煮る。仕上げにおろししょうがを加え、火をとめる。
＊熱々もおいしいけれど、冷めて味がしみたのもまたおいしい。翌日のお弁当やそうめんにも合うので、たっぷり作りましょう。

ゴーヤーと豚肉のみそ炒め

材料(4人分)
ゴーヤー…1本(25cm)
豚コマ肉…300g
A
おろしにんにく・おろししょうが…各1片分
酒…大さじ3
きび砂糖…大さじ1
みそ…大さじ3
黒こしょう…適宜
ごま油…大さじ1

作り方
1 ゴーヤーはたて半分に切って種とワタを取りのぞき、5mmの厚さに切る。豚肉はひと口大に切り、塩とこしょう少々(分量外)で下味をつける。Aの材料はあらかじめ混ぜ合わせておく。
2 フライパンにごま油を入れて強火にかけ、豚肉を広げるようにして焼きつける。肉の脂が出てきたらゴーヤーを加えて炒め合わせる。
3 Aを加えて汁けを飛ばすようにざっと炒め合わせ、こしょうをひく。

ゴーヤーとひき肉のさらさらカレー

材料（4人分）
ゴーヤー…20cm
合びき肉…200g
にんにく・しょうが…各1片
玉ねぎ…1個
カレー粉…大さじ1
一味唐辛子…小さじ½
酒…¼カップ
鶏がらスープの素…小さじ1と½
カレールウ（フレーク）…大さじ4
みそ…大さじ1
ナンプラー…小さじ2
サラダ油…大さじ1
玄米ごはん…4杯分
たくわん…適宜

作り方

1　にんにく、しょうが、玉ねぎはみじん切り、ゴーヤーはたて半分に切って種とワタを取りのぞき、2cm角に切る。

2　鍋にサラダ油を熱し、中火でにんにくとしょうがを炒める。香りが出たら玉ねぎを加え、きつね色になるまでよく炒める。強火にしてひき肉を加えて色が変わるまで炒め、カレー粉、一味唐辛子を加えて炒りつけ、ゴーヤーを加えて軽く炒め合わせる。

3　酒、水2カップ、鶏がらスープの素を加え、煮立ったらアクをすくう。カレールウを加え混ぜ、みそとナンプラーを加えてひと煮立ちさせる。

4　器に玄米ごはんとカレーを盛り、たくわんを添える。

＊ゴーヤーは炒めすぎず、煮すぎないのがコツ。白いごはんでももちろんおいしいけれど、こういうさらっとしたカレーには、玄米や雑穀米が合います。

いんげんとゴーヤーのくたくた炒め煮・ゆでじゃが添え

材料(4人分)
いんげん…1パック(150g)
ゴーヤー…10cm
じゃがいも(夏の新じゃが)…4個
酒…大さじ3
しょうゆ…大さじ1と½
かつお節…軽くひとつかみ
塩・黒こしょう…各適宜
ごま油…大さじ1

作り方
1　いんげんは筋を取り、半分の長さに切る。ゴーヤーはたて半分に切って種とワタを取りのぞき、3㎜の厚さに切る。
2　厚手の鍋かフライパンにごま油を入れて強火にかけ、ゴーヤーといんげんをよく炒める。いんげんの皮がすき通るまで炒めたら、酒、しょうゆ、水大さじ2を加えて炒りつける。汁が煮詰まってきたらかつお節を加え混ぜ、こしょうをひく。
3　器に2を盛りつけ、皮をむき、塩、こしょうをふりかけたゆでたてのじゃがいもを添える。
＊じゃがいもは丸ごとゆでる(9ページ参照)。夏のじゃがいもは寒い時期のものより早くゆで上がるので注意してください。

しいたけ

しいたけも一年中ありますが、9月から11月くらいにかけて、天然ものが出回ります。肉厚の、かさの内側が白いレースの襞のようで、ずっしり重くみずみずしい。網で軽く焼いただけでプーンと秋の香りが漂って、味も濃厚です。そんなしいたけは、中につまったおいしい水分が出てしまわないよう、大きめに切って強火でさっと火を通してください。生でも食べられるくらいなので、まわりだけ焼けていればだいじょうぶです。85ページの炊込みごはんは、網で焼くことによって、松茸ごはんに負けないくらいの香り高いおいしさです。

保存

乾燥しやすく鮮度が落ちやすいので、買ってきたら新しいうちに食べることですが、保存する場合は、紙袋かキッチンペーパーでふんわり包み、ビニール袋に入れて冷蔵庫へ。

前に、冷蔵庫の中で忘れられて干からびたしいたけをみつけ、みそ汁に入れたことがあります。おおまかにちぎってゆっくり弱火で煮たら、いいおだしが出て感心しました。

焼きしいたけの炊込みごはん

材料(4〜6人分)
米…2合
しいたけ…10枚
昆布…5㎝角×1枚
A
酒…大さじ1
薄口しょうゆ…小さじ1
ナンプラー…大さじ1
ごま油…小さじ2
すだち…3個

作り方
1　米はといで炊飯器に入れ、Aと水適量を加えて普段の水加減にする。よく混ぜて昆布をのせ、そのまま15分ほどおく。
2　しいたけは石づきを落としてかさと軸を切り分け、かさは4つに切る。
3　強火にかけた焼き網で2のしいたけを焼き、焼き目がついたものから1の上にのせる。軸も軽く焼いておおまかに裂き、上にのせて普通に炊く。
4　炊き上がったら10分ほど蒸らし、昆布を取り出して食べやすい大きさに切り、戻し入れる。さっくり混ぜて器に盛り、半分に切ったすだちを添える。

しいたけフリット

材料(4人分)
しいたけ…10〜12枚
卵…1個
薄力粉…50g
ナンプラー…小さじ1
マヨネーズ…大さじ2
黒こしょう…適宜
揚げ油…適量

作り方
1　しいたけは石づきを落とし、軸に切りこみを入れて半分に裂く。卵は卵黄と卵白に分けておく。
2　ボウルに卵黄と水60㎖を溶き混ぜ、薄力粉を加えてなめらかになるまでよく混ぜる。
3　別のボウルで卵白を固めに泡立て、2に加えて泡がつぶれないようにざっくり合わせる。
4　しいたけの軸を持って3にくぐらせ、180℃の揚げ油でカラリと揚げる。
5　器に盛り、ナンプラーとマヨネーズを合わせて添え、こしょうをひく。

しいたけとクレソンのパスタ

材料(2人分)
しいたけ…6枚
クレソン…2束
にんにく…2片
スパゲティ…160g
バター…10g
酒…大さじ2
しょうゆ…大さじ1
バルサミコ酢…大さじ1
柚子こしょう…小さじ1/4
オリーブオイル…大さじ2
塩・黒こしょう…各適宜
粉チーズ…適宜

作り方
1　しいたけは石づきを落とし、かさと軸に切り分ける。かさは4つに切り、軸はおおまかに裂く。クレソンは茎ごと3㎝のざく切り、にんにくは芯をのぞいて薄切りにする。
2　鍋にたっぷりの湯を沸かし、塩少々(分量外)を加えてスパゲティをゆでる(表示時間より2分短め)。
3　フライパンにオリーブオイルを熱し、にんにくを炒める。色づいてきたら強火にしてバターとしいたけを加え、ざっと炒め合わせる。
4　酒、しょうゆ、バルサミコ酢、柚子こしょうを順に加え混ぜ、クレソンとゆで上がったスパゲティを加え、ざっと和えて、塩、こしょうする。器に盛りつけ、粉チーズをふって食べる。

しいたけさっと焼き

材料（2人分）
しいたけ…4枚
ごま油…小さじ1/4
しょうゆ…適宜
黒七味…適宜

作り方
1　しいたけは石づきを落とし、軸ごと1cmの厚さに切る。
2　フライパンにごま油を入れて強火にかけ、切り口を下にしてしいたけを並べ入れる。しばらく放っておき、焼き目がついたら返し、裏面はさっと焼く。
3　焼けたものから皿に盛り、しょうゆをたらして黒七味をふる。
＊油が少なめの方が焼き目がつきやすい。まわりを香ばしく焼きつけて、うまみを逃さない焼き方です。

里いも

8月の終わり頃から、白い地肌が透けて見えるような皮の薄い新里いもが、スーパーにも出始めます。まだ若くみずみずしい新里いもは、新じゃがの未熟なおいしさに通じるものがあります。皮つきのまま丸ごとゆでたり、薄味でほっこり煮て、ぜひこの時期ならではの初々しい甘みを味わってみてください。

里いもは秋に収穫されたものが貯蔵されて、冬から翌年の春にかけて出回るそうですが、真冬の里いものねっとりしたおいしさは、熟成されたうまみなのでしょうか。冬においしくなる野菜は、寒さから身を守るために、自ら体の中に甘みを蓄えているように思います。

乾燥と寒さに弱いので室温で保存しますが、泥がついているからと安心していると、どんどんおいしさがぬけていってしまいます。買ってきたら早めに食べるのがいちばんですが、2～3日ならば、湿らせた新聞紙に包んで、風通しのよいところに置いておきます。

里いもの薄味煮

材料(4人分)
里いも…12個
春菊…½束
だし汁…3カップ
A
酒…大さじ2
薄口しょうゆ…大さじ1
塩…小さじ½
みりん…大さじ1
柚子の皮…適宜

作り方

1　里いもは皮をむきながら水にさらし、ざるに上げる。ボウルに里いもと塩少々(分量外)を入れ、軽くもんでぬめりを洗い流す。春菊は4〜5cm長さのざく切りにする。

2　鍋に里いもとかぶるくらいの水を入れ、火にかける。煮立ったら弱火にして10分ほど下ゆでし、ざるに上げて軽くぬめりを洗い流す。

3　鍋にだし汁とA、下ゆでした里いもを入れ、火にかける。煮立ったらアクをすくい、落としぶたをして極弱火で煮含める。

4　竹串がすっと通ってやわらかくなったら器に盛り、残った煮汁で春菊をさっと煮る。器に盛りつけ、柚子の皮を散らす。

里いもの押さえ焼き

材料(4人分)
里いも…5個
片栗粉…適宜
ごま油…大さじ1と½
ねり辛子・しょうゆ…各適宜

作り方

1　鍋に皮つきの里いもを入れ、かぶるくらいの水を加えて火にかける。竹串がすっと通るまでやわらかくゆで、ざるに上げる。

2　熱いうちに皮をむき、3cmの厚さに切って片栗粉をまぶす。

3　フライパンにごま油を熱し、里いもを並べ入れる。上からヘラで押さえて平たくし、焼き目がつくまで両面とも香ばしく焼く。器に盛り、辛子じょうゆをつけて食べる。

れんこん

れんこんも、季節を追ってどんどん表情が変わってゆく野菜です。梅雨の終わり頃から、皮までとてもやわらかく、色白ですき通るような新れんこんが出てきます。秋から冬にかけてのれんこんは太くみっちりし、本格的に甘みがのってきます。皮も滋味があっておいしいので、汚れたところを削るくらい。色も味のうちなので、酢水に浸けて白くせず、水にさらすだけですぐに料理をしてしまいます。シャキシャキした歯切れのよさをいかす料理も、肉厚に切ってよく煮込み、糸をひくような粘りのある食感を楽しむ料理でも、どちらもれんこんならではのおいしさ。網でじっくり焼いて焦げ目をつけ、塩をふるだけでもおいしいものです。

れんこんは鮮度が落ちやすいので、買ってきたら早めに食べましょう。使い切れなかったら、96ページのようにきんぴらにして保存するとよいと思います。

風邪のひき始めに効く飲み物をひとつ。れんこん(節と節の間だとさらにいい)を皮ごとすりおろし、しょうがのすりおろしとともに湯飲みに入れます。熱湯を注いでしょうゆをちょっと落とし、熱々のところを一気に飲んでください。汗が出て、のどの痛みがやわらぎます。

揚げれんこんの南蛮酢

材料（4人分）
れんこん…1節（300g）
A
きび砂糖…小さじ2
しょうゆ…大さじ1と1/2
酢…大さじ3
赤唐辛子…1〜2本
片栗粉…適宜
揚げ油…適量

作り方
1　れんこんは汚れた部分だけ皮をむき、たて半分にしてから5㎜の厚さに切って軽く水にさらす。Aの調味量とおおまかにちぎった唐辛子をバットに入れて混ぜ合わせ、南蛮酢を作る。
2　れんこんの水けをよくふきとり、片栗粉をまぶす。
3　180℃の揚げ油でれんこんをカラリと揚げ、揚げたてを南蛮酢につける。

れんこんのじりじり焼き

材料（4人分）
れんこん…1節（300g）
塩・黒こしょう…各適宜
ごま油…大さじ1

作り方
1　れんこんは汚れた部分だけ皮をむく。たてに1cmの厚さにしてから半分に切り、軽く水にさらす。
2　フライパンにごま油を入れて強火にかけ、れんこんを並べ入れる。焼き目がつくまで返さずにじっくり焼き、裏面も香ばしく焼く。皿に盛り、塩をふってこしょうをひく。
＊れんこんがすき通ってきたら中まで焼けている合図なので、はじめて裏返す。裏面は、軽く焼くだけでだいじょうぶ。

れんこんと豚バラのベトナム風煮込み

材料（4人分）
れんこん…2節（600g）
豚バラブロック肉…600g
酒…½カップ
A
香菜の根…2株分
昆布…5cm角×2枚
にんにく…2片
しょうが…1片
黒こしょう…10粒
酒…大さじ3
ナンプラー…大さじ3
黒こしょう…適宜
白ごま…適宜
香菜・すだち…各適宜

作り方
1　豚肉は3×4cm角に切り、大きめの鍋に入れる。酒とたっぷりの水を加えて強火にかけ、煮立ったらアクをすくって弱火にする。1時間ほどゆで、ざるに上げる。
2　れんこんは汚れた部分だけ皮をむき、4cm角に切って水にさらす。にんにくは丸のまま包丁の腹でつぶし、ごまは軽く炒って半ずりにする。
3　鍋にれんこんとゆでた豚肉を入れ、1のゆで汁5カップとAを加えて強火にかける。煮立ったらアクをすくい、弱火にして、豚肉が箸でくずれるまで50分ほど煮る。
4　器に盛りつけ、刻んだ香菜をのせてすりごまをふる。こしょうをひき、すだちをしぼって食べる。

ごぼう

ごぼうは皮にうまみがあるので、たわしで泥を落とすだけ。とにかく洗いすぎないことです。

切ったそばから水にさらしますが、色も味のうちだと思うので、私は酢水には浸けません。長い時間さらしすぎると、ごぼう独特の土の香りがぬけてしまう。だから私は、ボウルの中で軽くもんだら2〜3度水を取りかえるくらいで、ざるに上げてしまいます。このままにしておくとどんどん色が黒くなるので、すぐに調理することも大切です。

秋から冬のごぼうは、大きめに切って煮物やスープにするのがおいしい。5〜7月に出回る新ごぼうは、香りがよく、細目でやわらかいのが身上なので、あまり火を通しすぎないように気をつけます。さっとゆがいてサラダや、軽く炒めてきんぴらに。そして調味量はあくまでも控えめに。

保存食

泥がついているからと安心していると、ごぼうは案外早くに乾燥して、枯れ枝のようになってしまいます。買ってきたらできるだけ早めに使いましょう。使い切れなかったら、きんぴらにして保存しておけば、チャーハンでもパスタでも、混ぜごはんにも使えます。

ごぼうとれんこんのきんぴら

材料(作りやすい分量)
ごぼう…1/2本
れんこん(小)…1節(200g)
赤唐辛子の小口切り…1本分
ごま油…大さじ1
A
酒…大さじ2
ナンプラー…大さじ1と1/2
みりん…大さじ1

作り方
1　ごぼうはたわしでこすり、泥を洗い落とす。たて半分に切ってから斜め切りにし、水にさらす。軽くもんで2〜3度水を取りかえ、ざるに上げて水けをきる。れんこんは汚れた部分だけ皮をむき、1cmの厚さに切ってから拍子木切りにする。ざっと水にさらし、ざるに上げる。
2　フライパンにごま油を熱し、ごぼうを強火で炒める。油がまわったられんこんと赤唐辛子を加え、さらに炒める。
3　ごぼうとれんこんがすき通ってきたらAを加え、汁けがなくなるまで炒りつける。
＊保存容器に入れ、冷蔵庫で1週間ほど保存可能。

ゆでごぼうの辛子マヨネーズ

材料(2人分)
ごぼう…1本
マヨネーズ…大さじ2
辛子…小さじ½
塩…少々

作り方
1　ごぼうは泥を洗い落とす。半分の長さに切ってからすりこぎでたたき、食べやすい大きさに手で割る。水にさらし、軽くもんで2〜3度水を取りかえる。マヨネーズと辛子はよく混ぜ合わせておく。
2　沸騰した湯に酢(分量外)少々を加え、ごぼうを歯ごたえよくゆでる。
3　ゆでたてを器に盛り、辛子マヨネーズを添えて塩をふる。

ごぼうと長ねぎの炒め物

材料(2人分)
ごぼう…1本
長ねぎ…1本
にんにく…1片
かつお節…ひとつかみ
ナンプラー…小さじ2
ごま油…大さじ1
黒こしょう…適宜

作り方
1　ごぼうは泥を洗い落とす。斜め薄切りにして切ったそばから水にさらし、軽くもんで2〜3度水を取りかえる。ねぎはたて半分に切って斜めざく切りに、にんにくは薄切りにする。
2　フライパンにごま油を熱してにんにくを炒める。にんにくが色づいてきたら強火にし、水けをきったごぼうを加えて炒める。
3　ごぼうがすき通ってきたらねぎを加えてざっと炒める。ナンプラーで味をととのえ、かつお節を加える。
4　器に盛ってこしょうをひく。

ごぼうと鶏肉のスープ

材料(4人分)
ごぼう…2本
鶏骨付きぶつ切り肉…300g
ねぎ(青い部分)…1本分
しょうがの薄切り(5㎜厚さのもの)…2枚
米のとぎ汁…6カップ
鶏がらスープの素…小さじ2
酒…½カップ
塩・黒こしょう…各適宜
ごま油…小さじ1
万能ねぎ…適宜

作り方
1　ごぼうは泥を洗い落とす。大きめの乱切りにして切ったそばから水にさらし、軽くもんで2～3度水を取りかえる。
2　鍋に鶏肉、米のとぎ汁、鶏がらスープの素、酒、ねぎ、しょうがを入れて強火にかける。
3　煮立ったらアクをすくってごぼうを加え、弱火でコトコト煮る。30分ほどして肉がやわらかくなったら、ねぎとしょうがを取りのぞく。
4　塩で味をととのえ、香りづけにごま油を加える。器に盛って小口切りにした万能ねぎをのせ、こしょうをひく。

大根

大根も一年中ありますが、やっぱり冬場のものが甘みがあってみずみずしい。

皮のまわりも、大根の葉も栄養があるので、残さずに使います。

半端に残ってしまった大根は、皮ごとざくざく太めのせん切りにして、塩で軽くもんでおいて冷蔵庫へ。いつでもおやつがわりにいただきます。

保存は、葉を切り離して半分に切り、にんじんと同様に（16ページ参照）軽く湿らせたキッチンペーパーか新聞紙に包んでビニール袋に入れ、冷蔵庫へ。ふさふさの葉がついていたら、青菜と同じようにして（48ページ参照）保存します。短く切ってある時は、小皿に水を張って流しの前に置いておきます。すぐに使わない時には毎日水をあげると、まわりの古い葉が落ちて新芽がどんどん出てくる。若い緑は目にも楽しいし、みそ汁やスープのちょっとした青みに使えます。

ESH VEGETABLE
新鮮やさい

焼き大根のごろごろ煮

材料（4人分）
大根…1/2本
油揚げ…2枚
鶏がらスープの素…小さじ1
酒…1/4カップ
ナンプラー…大さじ1
塩・黒こしょう…各適宜
水溶き片栗粉（片栗粉1水2の割合で合わせたもの）…適宜
ごま油…小さじ1
香菜…適宜

作り方

1　大根は皮ごと大きめの乱切りにする。焼き網を中火にかけ、大根をのせてころがしながら軽く焦げ目をつける。油揚げはたて半分にしてから4つに切り、熱湯をかけて油抜きする。

2　鍋に1の大根、水2カップ、鶏がらスープの素、酒、ナンプラーを入れて、強火にかける。

3　煮立ったらアクをすくって油揚げを加え、ふたをして弱火で30分ほど煮る。

4　大根がやわらかくなったら塩、こしょうで味をととのえる。

5　強火にして一度煮立ててから火を弱め、水溶き片栗粉を少しずつ加えながらざっと混ぜてとろみをつける。ごま油を加えて器に盛り、ざく切りにした香菜をのせる。

大根葉と豚肉の炒め物

材料(作りやすい分量)
大根の葉…100g
豚コマ肉…100g
A
酒…大さじ1
しょうゆ…小さじ1
塩…小さじ1/4
黒こしょう…適宜
ごま油…大さじ1/2

作り方
1 大根の葉と豚肉はそれぞれ1cmのざく切りにする。
2 フライパンにごま油を熱し、肉を入れて強火で焼きつける。焦げ目がついて脂が出てきたら、大根の葉を加えて炒め合わせる。
3 Aを順に加えて汁けがなくなるまで炒りつけ、こしょうをひく。
*冷蔵庫で1週間ほど保存できます。

大根葉ごはん

材料(2人分)
ごはん…2杯分
大根葉と豚肉の炒め物…適宜
焼きのり…1/2枚

作り方
温かいごはんをボウルに入れ、大根葉と豚肉の炒め物と、ちぎったのりを加えてさっくり混ぜ合わせる。

A
B
C

かわりふろふき大根

材料(2人分)

大根…$\frac{1}{2}$本

昆布…5㎝角×1枚

酒…大さじ1

米のとぎ汁…適量

柚子…$\frac{1}{2}$個

[つけだれ3種]

A
- みそ…大さじ2
- 酒…大さじ1
- みりん…小さじ$1\frac{1}{2}$
- ごま油…小さじ1

B 塩・黒こしょう…各適宜

C 柚子こしょう・ごま油…各適宜

作り方

1　大根は厚めの輪切りにし、皮をむいて4つに切る。

2　土鍋に大根とかぶるくらいの米のとぎ汁を入れ、昆布と酒を加えてふたをし、火にかける。

3　煮立ったら弱火にし、やわらかくなるまで30分ほど煮る。

4　小鍋にAを入れて弱火にかけ、木ベラで練り混ぜる。ぽってりしてきたら火をとめ、器に入れる。BとCもそれぞれ合わせてたれを作り、器に入れる。くし形に切った柚子を添える。

5　土鍋ごと食卓に出し、皿に大根を取りわけて好みのたれをつけて食べる。

＊大根のゆで汁もとてもおいしいので、塩、こしょうをふり、ごま油を少々落としてスープとしていただく。

白菜

白菜も一年中あるけれど、甘みを増しておいしくなるのはやっぱり寒くなってからです。冬の白菜を生で食べてみてください。芯まで甘くて、何もつけなくてもおいしいくらいです。

煮込む時には、水の量を（少なすぎるかな？）というくらいに思いきって減らしてください。白菜からおいしい水分がたくさん出るので、スープに白菜の味がうつります。最初から水が多いと、その分おいしさが薄まってしまうわけです。火加減はごく弱火で、ふたはきっちりしめてください。クタクタにやわらかく煮込んだ白菜もおいしいけれど、１０９ページのように、歯ごたえを残して軽く蒸し煮した白菜も、フレッシュでおいしいものです。生で食べる時には軽く塩でもんでやると、味もなじむし、たくさん食べられます。

保存は芯を切り取って湿らせたキッチンペーパーを当て、切り口を外葉で包むようにして新聞紙にくるみ、ビニール袋に入れて冷蔵庫へ。34ページのキャベツと同様です。

白菜とディルのおかかサラダ

材料(2人分)
白菜…3枚
ディル…3～4本
塩…小さじ½
ごま油…大さじ1
レモン汁…½個分
かつお節…ひとつかみ
黒こしょう…適宜
しょうゆ…適宜

作り方
1 白菜は1枚をたて3つに切ってから、大きめのそぎ切りにする。ディルは茎をのぞき、1㎝のざく切りにする。
2 ボウルに白菜とディルを入れて塩をまぶす。手で割りほぐしながら軽くもみ、水けが少し出てきたら(半分はシャキシャキが残る状態)ごま油、レモン汁、かつお節を加えてざっくり合わせる。
3 器に盛ってこしょうをひき、しょうゆを少々かけて食べる。
＊白菜を生のままサラダにする時は、大きめに切って塩でもみながら手で割ると、食べやすく、味もしみやすい。

白菜の鍋蒸し煮

材料(4人分)
白菜…½個
ベーコン…100g
だし汁…1カップ
酒…½カップ
塩…小さじ½
ごま油・塩・黒こしょう…各適宜

作り方
1　白菜はたて4つに切る。ベーコンは半分の長さに切る。
2　鍋に白菜とベーコンを交互に重ね入れ、だし汁、酒、塩を加えてふたをし、強火にかける。煮立ったら弱火で蒸し煮にする。途中かさが減ってきたら、入りきらなかった白菜を加える。
3　白菜がしんなりしたら火をとめ、鍋ごと食卓に出す。熱々を皿に取りわけ、ごま油少々と塩、こしょうをふって食べる。
＊時間をかけてクタクタにやわらかく煮るのもおいしいけれど、少し歯ごたえを残した白菜も、みずみずしくておいしいものです。煮る時間はお好みでどうぞ。

白菜の芯のスティックサラダ

材料(2人分)
白菜の芯…2枚分
A マヨネーズ…大さじ3
　おろしにんにく…½片分
　信州みそ…大さじ2
黒こしょう…適宜

作り方
1　白菜は芯の部分だけを三角に切り離し、スティック状に切る。
2　Aの材料を混ぜ合わせてみそマヨネーズを作る。
3　器に1とみそマヨネーズを盛りつけ、こしょうをひく。
＊みそはくせのない信州みそを。みそマヨネーズは冷蔵庫で1週間ほど保存できます。

たけのこ

ゆでてパック詰めになったものは一年中あるけれど、生のたけのこは味も香りも別物です。４月から５月、切り口がまだ白くてみずみずしい朝採りたけのこが、スーパーにも出回ります。本当にこの季節にしか味わえないものなので、ぜひ自分でゆでて料理してみてください。
たけのこの季節は案外短いもの。いつもこの時期になると、今年は何度食べられるだろうと思いながら、「まだある、まだある……」と確認する毎日です。

ゆで方

やってみれば簡単で単純。ゆで方が難しいと思っている方は、気軽に何度もためしてみてください。だいじなのは新しいものを選んで、買ってきたらその日のうちにゆでること。これさえ守ればえぐみは出ませんし、少々ゆですぎたってだいじょうぶです。おまけでついているぬかも忘れずにもらってくること。たけのこが大きかったら２袋もらいましょう。

1　たけのこは外側の皮を３〜４枚むいて、根元のいぼいぼを包丁で薄くそぎ落とし、切り口が変色していたら薄く切りとる。

2　穂先は斜めに切り落とし、火が通りやすいようにたてに深さ１㎝程度の切り込みを１本入れる。

3　大きめの鍋にたけのことたっぷりの水を入れ、ぬか（１本につきひとつかみ）と赤唐辛子（１本につき１本）を加えて強火にかける。沸いてきたら中弱火にして（水面が静かにポコポコしている状態）、40〜60分くらいゆでる。真ん中に竹串をさし、すっと通ったらゆで上がり。

4　火をとめてゆで汁につけたまま常温で冷ます。粗熱がとれたら皮をむき、たて半分に切って水にさらす。
＊すぐに使わない時は、水に浸けたまま冷蔵庫で保存すれば、２日くらいはおいしく食べられます。

たけのこ、豆腐、わかめの炊きあわせ

材料(4人分)
ゆでたたけのこ…400g
おぼろ豆腐…1丁(350g)
わかめ(もどしたもの)…200g
A
昆布…5cm角×2枚
だし汁…4カップ
酒…大さじ4
薄口しょうゆ…大さじ1
塩…小さじ1
みりん…大さじ1
木の芽…適宜

作り方
1 下ゆでしたたけのこは穂先を三角に、根元と真ん中は1cmの厚さに切る。
2 大鍋にAとたけのこを入れ、火にかける。煮立ったら弱火にし、落としぶたをして20分ほど煮る。
3 たけのこを端に寄せ、水けをきった豆腐を加えてヘラでおおまかにくずす。落としぶたをし、さらに15分ほど煮含める。
4 器にたけのこと豆腐を盛り、残った煮汁でわかめをさっと煮る。器に盛り合わせ、木の芽をたっぷり添える。

たけのこごはん

材料（4人分）
米…2合
ゆでたたけのこ…100g
油揚げ…1枚
昆布…5㎝角×1枚
A
酒…大さじ2
薄口しょうゆ…小さじ1
ナンプラー…大さじ1
ごま油…小さじ2
塩…適宜
白ごま…適宜

作り方
1　下ゆでしたたけのこは、根元の固い部分を細切り、穂先はたて半分にしてから薄切りにする。油揚げはさっと熱湯をかけて油抜きし、たて半分にしてから細切りにする。ごまは軽く炒り、半ずりにする。
2　米はといで炊飯器に入れ、Aと水適量を加えて普段の水加減にする。よく混ぜて昆布をのせ、そのまま15分ほどおく。
3　たけのこ、油揚げをのせて普通に炊く。
4　炊き上がったら10分ほど蒸らし、昆布を取り出して食べやすい大きさに切り、戻し入れる。塩で味をととのえ、器に盛ってすりごまをふる。

らっきょう

ゴールデン・ウィークが終わる頃、らっきょうが出始めます。鳥取産のものから出てきますが、私はできるだけ近隣のものを食べたいので、千葉県産が出るまでしばらく待つようにしています。泥がついて実が白っぽく、ふっくらとしたらっきょうを選び、買ってきたその日に漬けます。

子供の頃、物置き小屋のような日陰の場所に、いつもらっきょう漬けがありました。「剥いても、剥いても、皮ばかり」という祖母の唄を聞きながら、おやつ代わりによく食べさせられたものです。

らっきょうは、下漬け（塩漬け）をしてから塩抜きし、甘酢に漬けるのが一般的ですが、私が毎年作っているのは、熱い漬け汁をピクルスのようにかけるだけの直接漬けです。簡単なわりに一年たってもカリカリと歯触りよく、気の利いた器にのせて出すと、飲んべえたちの酒の肴に喜ばれます。

なんといっても、家の中で保存食がおいしく育っていくことを思うのは、幸せなことです。

漬け方

カビの原因になるので、保存瓶にもらっきょうにも水けが残らないようにしましょう。漬け方はどちらも同じですが、しょうゆ漬けは1週間くらいから、甘酢漬けは3週間くらいから食べられます。（材料は117ページ）

1　らっきょうを水をはったボウルの中に入れ、ひと粒ずつにほぐしながら泥を洗い落として薄皮をむく。

2　根と芽を切り落とす。ボウルに入れ、もういちどざっと洗う。

3　ひとつずつていねいに水けをふきとり、保存瓶に入れる。

4　Aを合わせて火にかけ、砂糖が溶けたら、熱いうちにらっきょうの上からそそぐ。
完全に冷めてからふたをして、涼しい場所で保存する。

らっきょうのしょうゆ漬け

材料（作りやすい分量）

泥つきらっきょう…1kg

A
きび砂糖…150g
しょうゆ…1カップ
酢…2カップ

らっきょうの甘酢漬け

材料（作りやすい分量）

泥つきらっきょう…1kg

A
きび砂糖…2カップ
黒砂糖…1カップ
塩…60g
酢…3カップ
赤唐辛子…4本

柚子

すだちやかぼすが終わる頃、ちょうど柚子の最盛期です。まず青柚子が出て、10月の中頃から黄色いのが出始めますが、まだ小さく未熟なものです。12月に入ると皮も実もふっくらと充実した柚子が出てくるので、この頃に合わせて、柚子ジャムや柚子みそを作るといいと思います。2月いっぱいまでありますが、実やせして果汁も少なくなります。

冷凍もできるようですが、1年にいちどだけの貴重な柚子なので、私はその時期だけを充分楽しみます。サラダやおひたしにしぼったり、すし酢に混ぜたり、かぶの塩もみ(42ページ参照)にしぼって、薄口しょうゆとみりんをほんの少し加えて薄味の漬け物にするのは、お正月の定番です。

柚子ジャムにしょうがのおろし汁とはちみつを加え、みかんでもレモンでもオレンジでもその時にある柑橘類をしぼって熱湯で割ると、ビタミンCたっぷりのホットドリンクができます。風邪をひいた時、柚子の皮も食べながらいただくと、のどの奥が温まります。

干す

残った柚子皮は厚めにむいて1cm四方に切り、ざるにのせて部屋の中で陰干しする。お茶の葉に混ぜたり、うどんの薬味にふりかけたり、煮物の仕上げに加えたりして楽しめます。空き瓶に乾燥剤を入れて保存しますが、香りがとびやすいので3週間を目安に使いましょう。

柚子ピールの作り方

柚子皮を煮ていると部屋の中にとてもいい香りが漂って、まるで柚子風呂に浸かっているみたい。冬の寒い休日に、のんびり作ってみてください。

1　柚子は横半分に切り、果汁をしぼり取る(ほかのものに利用)。さらに半分に切ってふさを取りのぞく。

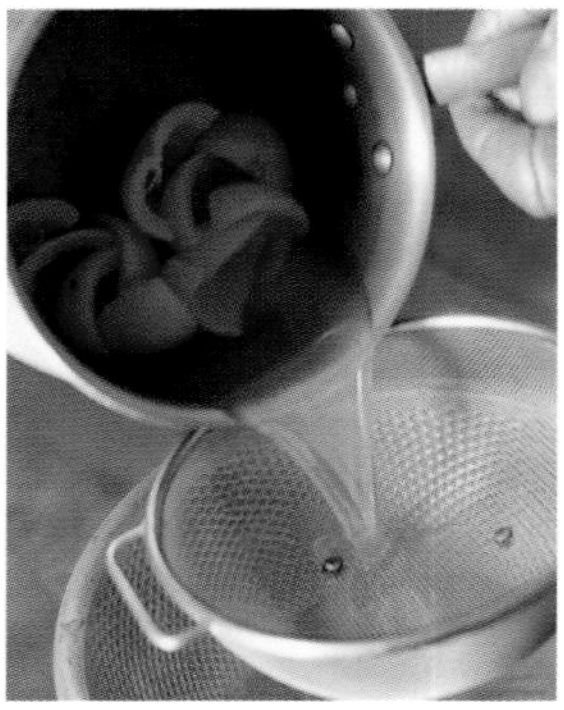

2　鍋に柚子皮とかぶるくらいの水を入れて強火にかける。煮立ったら中火にして5分ほどゆで、ざるに上げる。

3　ゆでこぼした皮は、三日月型に切る。

4　ホウロウの鍋に3の柚子皮、砂糖、水$\frac{1}{2}$カップを入れて火にかける。煮立ったら弱火にして、煮汁がとろりとし、糸を引くまでよく煮詰める。

5　煮上がった柚子皮を網に並べて粗熱をとり、ざらめをまぶしつけてそのまま涼しい所にひと晩おく。

しっとり柚子ピール

材料（作りやすい分量）
柚子…3個
きび砂糖…3/4カップ
ざらめ糖…適宜
＊保存容器に入れて冷蔵庫で4〜5日保存可能。

柚子みそ

材料（作りやすい分量）
柚子…3個
A
赤だしみそ…1カップ
みそ…½カップ
きび砂糖…大さじ3
みりん…大さじ4

作り方
1　柚子は横半分に切り、果汁をしぼって種を取りのぞく。
2　しぼった残りのふさを皮からはずして粗く刻み、鍋に入れる。水1カップを加えて弱火にかけ、20分ほど煮る。皮は2個分を薄くむき、せん切りにする。
3　ふさがやわらかくなったら、Aと1の柚子果汁を加える。極弱火にして焦げつかないように木べラで練り混ぜながら、さらに10分ほど煮詰める。
4　ぽってりと煮詰まったら、柚子皮を加え混ぜる。
＊保存容器に入れて粗熱をとる。冷蔵庫で1ケ月ほど保存できます。

柚子ジャム

材料（作りやすい分量）
柚子…3個
きび砂糖…1カップ
はちみつ…大さじ4

作り方
1　柚子は横半分に切り、果汁をしぼって種を取りのぞく。皮とふさをはずして、皮は細切りに、ふさは粗く刻む。
2　鍋に皮とたっぷりの水を加えて、強火にかける。煮立ったら弱火にして15分ほど煮、ざるに上げる。
3　鍋に2と柚子果汁、刻んだふさ、きび砂糖を入れ、ざっとなじませて弱火にかける。
4　30分ほど煮てとろりとしてきたら、はちみつを加え、さらに15分ほど煮詰める。
＊保存容器に入れて粗熱をとる。冷蔵庫で2ケ月ほど保存できます。

野菜カレンダー

私が野菜の料理を作り、食べてきたなかで感じたままに、季節の野菜をカレンダーにしました。この本で扱っている野菜は一年中手軽に手に入るものがほとんどですが、出盛りの野菜の味をぜひ、味わってみてください。時期は東京近郊の市場を参考にしました。

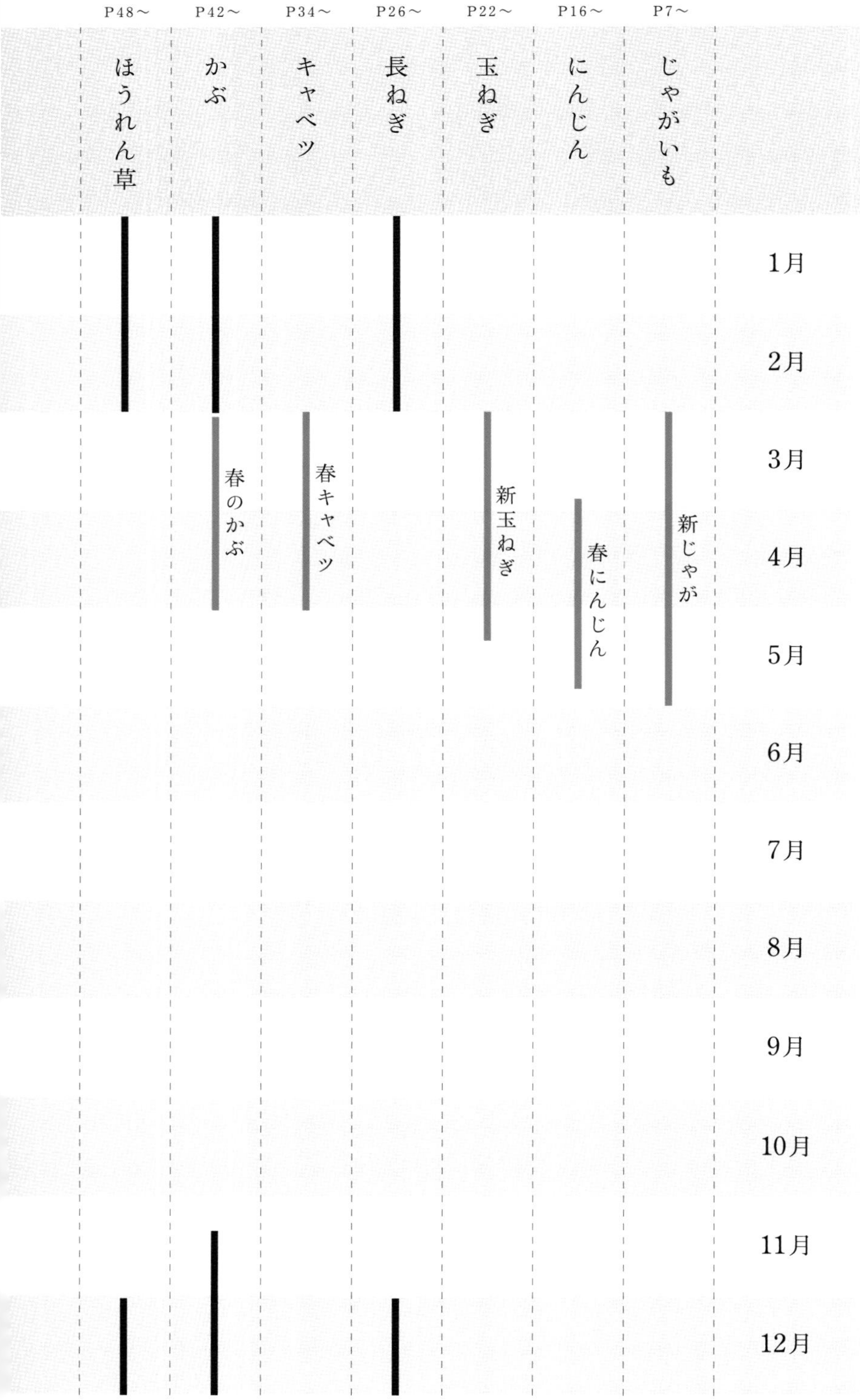

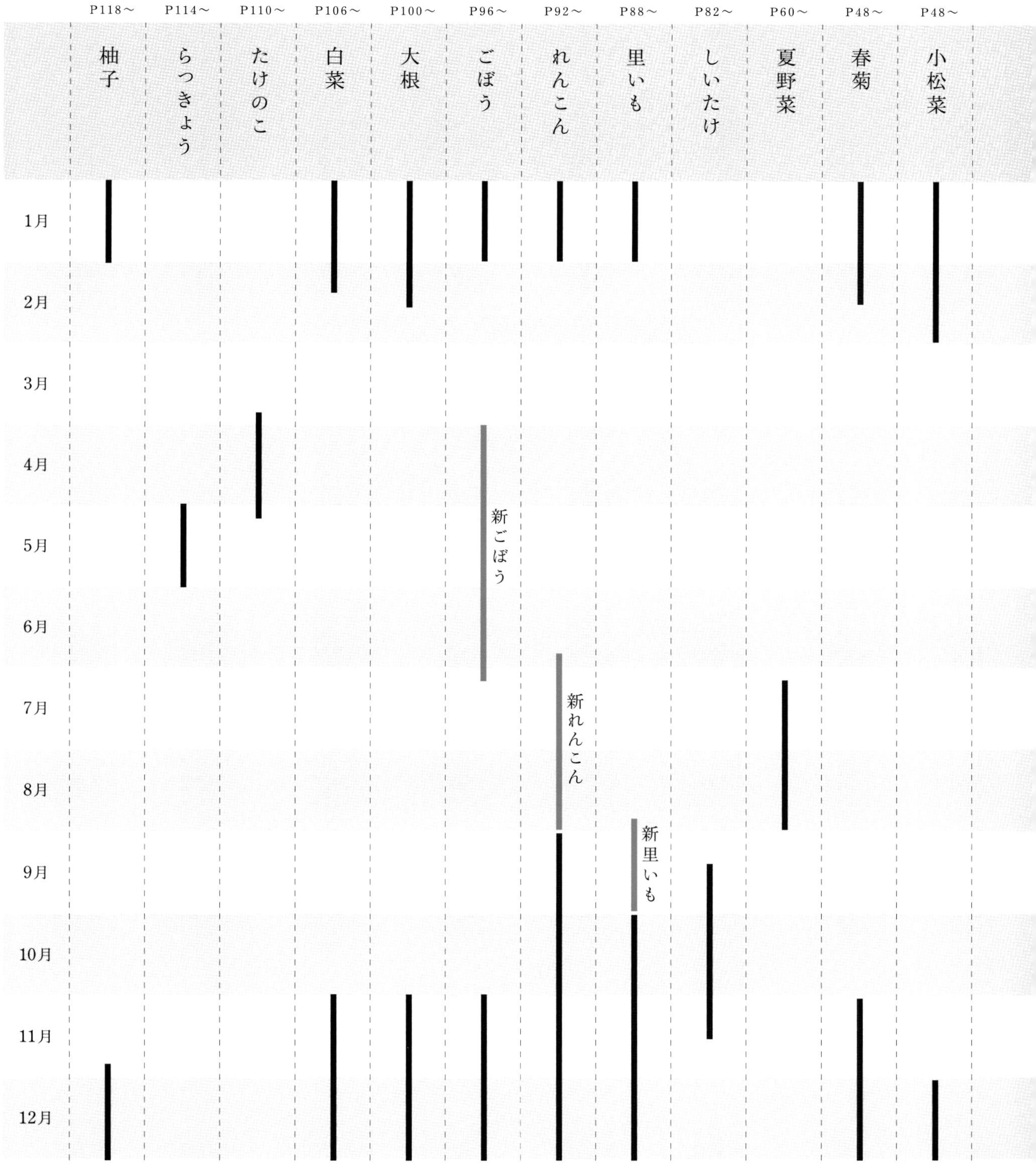
P118～
柚子
P114～
らっきょう
P110～
たけのこ
P106～
白菜
P100～
大根
P96～
ごぼう
P92～
れんこん
P88～
里いも
P82～
しいたけ
P60～
夏野菜
P48～
春菊
P48～
小松菜
1月
2月
3月
4月
5月
6月
7月
8月
9月
10月
11月
12月
新ごぼう
新れんこん
新里いも

高山なおみ

1958年静岡県生まれ。料理家、文筆家。レストランのシェフを経て、料理家になる。におい、味わい、手ざわり、色、音など、日々五感を開いて食材との対話を重ね、生み出されるシンプルで力強い料理は、作ること、食べることの楽しさを素直に思い出させてくれる。また、料理と同じく、からだの実感から生まれた文章への評価も高い。2016年、東京・吉祥寺から、神戸へ住まいを移し、ひとり暮らしをはじめる。本を読み、自然にふれ、人とつながり、より深くものごとと向き合いながら、創作活動を続ける。

著書に『日々ごはん①〜⑫』、『帰ってきた日々ごはん①〜⑮』、『おかずとご飯の本』、『今日のおかず』、『チクタク食卓㊤㊦』、『暦レシピ』、『本と体』(アノニマ・スタジオ)、『押し入れの虫干し』、『料理＝高山なおみ』(リトルモア)、『気ぬけごはん1・2』(暮しの手帖社)、『はなべろ読書記』(KADOKAWA／メディアファクトリー)、『実用の料理ごはん』(京阪神エルマガジン社)、『きえもの日記』(河出書房新社)、『たべもの九十九《つくも》』(平凡社)、『自炊。何にしようか』(朝日新聞出版)、『日めくりだより』(扶桑社)などの日記エッセイや料理書のほか、絵本『おにぎりをつくる』、『みそしるをつくる』(写真 長野陽一／ブロンズ新社)など多数。

公式ホームページアドレス　www.fukuu.com

アノニマ・スタジオは、
風や光のささやきに耳をすまし、
暮らしの中の小さな発見を大切にひろい集め、
日々ささやかなよろこびを見つける人と一緒に
本を作ってゆくスタジオです。
遠くに住む友人から届いた手紙のように、
何度も手にとって読みかえしたくなる本、
その本があるだけで、
自分の部屋があたたかく輝いて思えるような本を。

*本書は『野菜だより』(アノニマ・スタジオ/2005年刊行)の新装版です

編集…赤澤かおり
アートディレクション…有山達也
デザイン…池田千草(アリヤマデザインストア)
撮影…新居明子
スタイリング…高橋みどり
協力…清水正博

新装
野菜だより
2024年3月25日　初版第1刷　発行

著　者　高山なおみ
発行人　前田哲次
編集人　谷口博文
アノニマ・スタジオ
〒111-0051 東京都台東区蔵前2-14-14 2F
Tel.03-6699-1064　fax.03-6699-1070
www.anonima-studio.com
発　行　KTC中央出版
〒111-0051 東京都台東区蔵前2-14-14 2F
印刷・製本　TOPPAN株式会社

ISBN978-4-87758-859-5 C2077